Speisen wie ein König

König Maximilian II. von Bayern mit seiner Gemahlin Marie
und den Söhnen Ludwig (oben) und Otto, Litho-Montage um 1864

Was Bayerns Königsfamilie besonders gern aß, ist durch eine Speisekarten-
sammlung überliefert, die Prinz Otto ab 1860 anlegte. Eine repräsentative Auswahl wird in diesem Bildband zum erstenmal veröffentlicht.

DINER
DE SA MAJESTÉ
LE ROI.

Katja Lau
Renate Schütterle · Ernst Roscher

Speisen wie ein König

Tomus Verlag

Was dieses Buch zu bieten hat

ZUM BILD LINKS:
»MUNDZEUG« UND TELLER
AUS DEM VERMEILE-SERVICE
KÖNIG MAX I. JOSEPH,
RESIDENZMUSEUM MÜNCHEN

Nymphenburg, 19. Oktober 1983

Liebe Frau Lau!

Da Sie so interessant über die Hoftafeln in der Münchner Residenz berichten, möchte ich Ihnen dazu doch eine lustige Geschichte aus meiner Erinnerung an die Zeit von Prinzregent Luitpold erzählen. Zu einem Hofdiner war man damals als Backfisch zwar noch nicht zugelassen - dazu mußte man majorän sein - wohl aber zu einer Familientafel, und bei einer solchen passierte es...

Wie immer stand hinter jedem Gast ein livrierter Diener, der den Befehl hatte, sobald das Familienoberhaupt das Besteck zusammenlegt, auch allen anderen die Teller wegzunehmen, egal wie weit sie mit dem Essen gediehen waren. Nun wurde ich als Letzte in der Familienordnung auch zuletzt bedient und hatte meinen Teller eben vor mich hingestellt bekommen, als der Prinzregent sein Besteck hinlegte. Sofort trat mein Lakai in Aktion um mein Essen wieder abzutragen, da rief ich laut und vernehmlich, daß alle mich hören konnten, "nein, halt, laßt mich erst essen, ich habe doch Hunger" und hielt dabei mit beiden Händen meinen Teller fest. Aber auch der Lakai gab nicht nach und beharrte in seiner Pflichterfüllung: so kam es tatsächlich zu einem kleinen Kampf, bei dem ich - allen Verordnungen zum Trotz - Siegerin blieb!

Natürlich war auch der Prinzregent aufmerksam geworden, lachte aber nur und war mir keineswegs böse. Wie weit ich mit meinem Essen dann allerdings kam, weiß ich heute nicht mehr...

Verzeihen Sie, daß ich nicht früher an Sie schrieb, und seien Sie gegrüßt von Ihrer

Pilar von Bayern

Vorwort

Dieses Buch ist den Liebhabern einer festlichen Tafel gewidmet, jener Elite unter den Feinschmeckern, die sich nicht allein des Essens und Trinkens wegen zu Tisch setzen, die vielmehr das Speisen in Geselligkeit, in der Familie und unter Freunden, das gemeinsame Genießen einer originellen Menüfolge zu den Höhepunkten ihres Daseins zählen. Es gibt jedem die Möglichkeit, »wie ein König« zu speisen.

Die Voraussetzung dazu schuf eine Sammlung von Speisekarten aus der Münchner Residenz sowie den Hofhaltungen in Hohenschwangau, Berchtesgaden und Berg, die Prinz Otto von Bayern (1848–1916), der Bruder des »Märchenkönigs« Ludwig II., in den Sechziger Jahren des vorigen Jahrhunderts anlegte und die heute größtenteils im Besitz von Ernst Roscher, München, ist.

Am Anfang stand die Idee, die interessantesten daraus allein unter dem Gesichtspunkt auszuwählen, welche der Gerichte, die damals am bayerischen Königshaus gern gegessen wurden, heutzutage gut nachgekocht werden können und es ihrer Originalität wegen verdienen, in das Buch aufgenommen zu werden. Katja Lau übernahm die Aufgabe, einen Essay über die Eßgewohnheiten bei Hofe zu verfassen. S. K. H. Herzog Albrecht von Bayern, der Chef des Hauses Wittelsbach, erteilte ihr dankenswerter Weise die Genehmigung, im Geheimen Hausarchiv nach unbekannten Einzelheiten aus jener Zeit zu forschen mit dem Ziel, auch etwas über die Teilnehmer der Tafelrunden zu erfahren. Die Ergebnisse ihrer intensiven Nachforschungen brachten überraschende Neuigkeiten zu Tage.

So wuchs das Buch über das ursprüngliche Konzept hinaus. Durch die Bereitschaft des Wittelsbacher Ausgleichsfonds, der Bayerischen Verwaltung der staatlichen Schlösser, Gärten und Seen, der Nymphenburger Porzellanmanufaktur, des Stadtarchivs München und des Bayerischen Hauptstaatsarchivs, zum Teil bisher unveröffentlichtes Material zur Verfügung zu stellen, eröffnete sich die Möglichkeit, das Buch zu einem Bildband zu erweitern, der jene Zeit und die Akteure bei Hof lebendig werden läßt. Der daran anschließende Rezeptteil bietet eine große Auswahl an Gerichten, die es jedem Zuhause erlauben, Gäste an eine festliche Tafel zu bitten, die an Originalität nicht zu überbieten ist.

Einen Vorteil gegenüber den Privilegierten an der königlichen Tafel von anno dazumal haben wir alle, wie wir von I. K. H. Prinzessin Pilar von Bayern wissen, der wir für das originelle Geleitwort besonderen Dank schulden: moderne Küchentechnik und kurze Servierwege erlauben uns, alles so heiß zu essen, wie es gekocht wird.

ZUM BILD LINKS:
NICHT ZULETZT UM DEN WEG VON DER KÜCHE ZUR TAFEL AUF EIN MINIMUM ZU VERKÜRZEN, LIESS LUDWIG II. IN SCHLOSS LINDERHOF EIN »TISCHLEIN DECK' DICH« EINBAUEN

ZUM BILD NÄCHSTE SEITE:
TERRINE MIT DECKEL – DAMIT ALLES SCHÖN WARM BLEIBT – AUS DEM TAFELSILBER MAX I. JOSEPH, RESIDENZMUSEUM MÜNCHEN

9

Katja Lau

Als die Residenz noch eine Küche hatte

Familientafeln, Hofdiners und Festbankette
am kgl.-bayerischen Hof Mitte des vorigen
Jahrhunderts

aben Sie sich auch schon einmal gefragt, wo wohl in der Münchner Residenz die Küche gewesen sein mag, oder wie so ein königliches Festbankett für an die 200 Personen »technisch« funktioniert hat?

In der Literatur ist dazu leider kaum etwas zu finden, da muß man sich schon in das Geheime Hausarchiv bemühen und erst den Staub von auf den ersten Blick so uninteressant betitelten Akten wie *Ordonanzbuch der kgl. Hofküche über die diese Office berührenden dienstlichen Erlasse des Kgl. Oberhofmarschallstabes vom 25. Februar 1843 bis 13. Dezember 1904* lesen ...

Doch siehe da, ganz unvermerkt kommt dabei Leben in die sterilen Gänge und Zimmerfluchten unserer heutigen Schloß Museen: plötzlich weht Küchendunst durch die kostbaren Schatzvitrinen der Wittelsbacher – zwischen die gelassen flanierenden Besucher von Herkulessaal und Cuvilliés-Theater mischen sich geschäftige Lakaien mit Silberplatten und Goldterrinen – und um die Abfallgruben in Kaiser- und Apothekenhof streichen nächstens auf leichter Beutelauer die Residenzkatzen!

Undenkbar? Nun, halten wir doch einfach die Zeit Mitte des vorigen Jahrhunderts fest, und schon haben wir die eben beschriebene »Idylle«. Rein äußerlich sieht der Residenzkomplex fast genau so aus wie heute: zum Max-Joseph-Platz hin das Nationaltheater, daneben das Residenz- bzw. Cuvilliés-Theater mit der Glaskonstruktion des Wintergartens Max II. darüber, anschließend über Eck der Königsbau Ludwig I. mit den Wohnräumen des regierenden Monarchen und seiner Gemahlin, Max und Marie, auf die Residenzstraße hinunter dann der Trakt des ersten bayerischen Kurfürsten mit den Toreinfahrten zum Kapellen- und Kaiserhof, im rechten Winkel dazu die Hofgartenzimmer, wo die Prinzen Ludwig und Otto wohnen, und im Anschluß daran endlich der Festsaalbau mit den Repräsentationsräumen und Bankettsälen.

Wo aber war nun die Küche? Die alte, durchaus noch intakte aus der Kurfürstenzeit lag im Zwickel zwischen Charlottengang und Charlottenzimmer, also dort, wo heute der Achteckhof mit Foyer – und Käferbuffet

– des Cuvilliés-Theaters liegt, während sich die neue, »moderne«, im östlichen Erdgeschoß des Königsbaus, also anstelle der heutigen Schatzkammer, befand und dem kleinen Hof zwischen Grüner Galerie und Antiquarium seinen Namen gab. Eine ideale Lage für Familien-Diners und Soupers oder auch noch Tafeln im Wintergarten über dem Cuvilliés-Theater, aber für die großen Festbanketts im »kilometer«-entfernten Nordtrakt der Residenz muß doch stets das Motto gegolten haben »nichts wird so heiß gegessen, wie es gekocht wird«. Gourmets durften die hohen Herrschaften damals jedenfalls nicht sein, und sicher haben die goldenen Platten und feinen Porzellane auch nur mäßig über die zumeist lauwarmen bis kalten »Feinschmeckereien« hinweggetröstet.

us dem Jahr 1884 (!) hat sich ein Schreiben Friedrich Zanders', als kgl. Stabskontrolleur für die Küche Ludwig II. verantwortlich, erhalten, in dem dieses Problem überdeutlich angesprochen wird:
»1) Bei der großen Entfernung der Küche von den allerhöchsten Wohnräumen« – die Appartements Ludwig II. lagen im obersten Stock Ecke Theatinerstraße/Hofgarten – »kommen alle Speisen im Vorzimmer Seiner Majestät erkaltet an und müssen dort erst wieder erwärmt werden, wodurch dieselben an Güte sehr verlieren.

2) Können die Speisen für Seine Majestät den König gegenwärtig in Folge erwähnter Entfernung der kgl. Hofküche nicht erst zur Bedarfszeit, sondern müssen schon viel früher auf die Kammer geholt werden, da Seine Majestät an das Warten nicht gewöhnt sind. Es ist dieses Veranlassung, daß Speisen oft stundenlang auf dem Ofen des Vorzimmers herumstehen und oftmals in verdorbenem Zustande zu servieren kommen, was Seine Majestät den König bestimmt, Sich ungnädig über den Koch zu äußern ...«

Was Wunder, daß Ludwig II. in der Münchner Residenz seine Mahlzeiten meist an einem kleinen Tisch neben dem Schreibtisch hinunter-

LUDWIG II. MIT »TISCHLEIN-DECK DICH« IN LINDERHOF. AQUARELL VON H. BRELING

schlang, in *seinen* Schlössern jedoch den Weg von der Küche zur Tafel auf ein Minimum verkürzt wissen wollte, und sich deshalb in Linderhof und Herrenchiemsee eines »Tischlein deck dich« oder in Neuschwanstein wenigstens eines Speiseaufzugs bediente?

Max II. hingegen scheint sich mit lauwarmem Essen als unabdingbarer Gegebenheit abgefunden zu haben, ist doch auch in Hohenschwangau, das ganz nach seinen Wünschen und Plänen gestaltet wurde, die Küche nicht etwa im Hauptbau, sondern im sogenannten Prinzen/Fürstenbau über dem Hof, und wenn ein neuer Gang zu servieren war, dann winkte der diensthabende Lakai einfach mit einem Tuch aus dem Fenster, und los ging der Endspurt mit »Wärmekisten« und in Tücher gewickelte Terrinen über Hof und Treppen zum Schwanrittersaal!

Vielleicht sollte man an dieser Stelle einmal ganz allgemein etwas über den Lebensstil dieses Monarchen sagen. Wie sein Vater, König Ludwig I. von Bayern, hat auch Maximilian II. stets ein einfaches, strengen Tagesrhythmen verpflichtetes Leben geführt. Jeden Tag, sommers wie winters, auf Reisen wie im Hoflager, stand er zwischen fünf und halb sechs Uhr früh auf – die diensthabenden Kammerherren mußten bereits um fünf Uhr versammelt sein – widmete eine Dreiviertelstunde dem Kaltwaschen, Ankleiden und Frühstücken – eine Tasse Kaffee und eine gewöhnliche Semmel – und arbeitete dann mit seinem Sekretär bis halb zehn Uhr vormittags. Nun folgte bei jedem Wetter und das ganze Jahr hindurch ein fünf viertelstündiger Spaziergang – in München stets in den Englischen Garten, in späteren Jahren zuweilen zusammen mit dem Kronprinzen. Danach eine Viertelstunde Ausruhen und Weiterarbeiten bis zwölf Uhr. Das anschließende Gabelfrühstück bei der Königin, an dem sich häufig auch die beiden Söhne beteiligten, war auf eine Viertelstunde bemessen und bestand gewöhnlich aus zwei bis drei weichen Eiern wie gebratenem Fleisch; getrunken wurde ein Glas Bordeaux. Bis längstens zwei Uhr begab sich der König wieder ins Freie, zu Wagen, zu Pferd oder zu Fuß, ruhte eine halbe Stunde, und arbeitete dann weiter bis halb vier Uhr; die Zeit bis zum Diner um vier Uhr war für Audienzen reserviert. Angerich-

tet war entweder im Speise- oder Bürgerzimmer, im Wintergarten oder auch draußen in Nymphenburg, Berg und auf der Roseninsel. Im allgemeinen wurden sieben Speisen gereicht; nach der Suppe gab es Bier, auch für die Damen. Im Anschluß an das einstündige Mahl traf man sich mit den Kindern bei der Königin und darauf zur gemeinsamen Spazierfahrt. Im Winter, wenn nicht ausgefahren wurde, arbeitete Max II. bis zum Beginn des Theaters um halb sieben; ansonsten war von acht bis neun Tee bei der Königin. Pünktlich zwischen halb und dreiviertel zehn Uhr schließlich war es dann Zeit zum Zubettgehen, meist ohne vorher noch soupiert zu haben.

Den Mahlzeiten kann Max II. bei diesem Tagesplan wenig Bedeutung beigemessen haben, vielleicht auch ein Grund, warum aus seiner Regierungszeit keine bildlichen Darstellungen oder auch nur illustrative Beschreibungen von Festbanketts existieren, im Gegensatz zu seinem Sohn Ludwig II., der, wie wir später sehen werden, Galatafeln als Mittel zur prunkvollen Dokumentation des Königtums benützte.

Eine – wenngleich etwas ungewöhnliche – Tafel ist allerdings auch von Max II. überliefert, nämlich anläßlich einer Fußreise im Sommer 1858 vom Boden- zum Königssee quer durch das bayerische Gebirge. Zwei der Teilnehmer, der Dichter Friedrich Bodenstedt und der Kulturhistoriker Wilhelm Heinrich Riehl, haben die Erlebnisse und Abenteuer dabei festgehalten, und so ist uns eine der köstlichsten Episoden aus dem Hofleben Max II. erhalten geblieben. Riehl erzählt:

ZUM BILD AUF DEN VORANGEHENDEN SEITEN: PHILIPP FOLZ, VON MAX II. SEIT 1852 ZU DEN GROSSEN ARBEITEN FÜR DAS MAXIMILIANEUM HERANGEZOGEN, HAT DIE REIZENDE EPISODE IN DEN BERGEN UM HOHENSCHWANGAU GEMALT: IM VORDERGRUND FLIEGT DIE JUNGE KÖNIGIN MARIE IHREM VON DER JAGD KOMMENDEN GEMAHL FÖRMLICH ENTGEGEN; DRUMHERUM DIE KGL. JAGDGESELLSCHAFT MIT FRHR. VON GUMPPENBERG, REVIERFÖRSTER STIEFLER, FORSTMEISTER THOMA, VATER LUDWIG THOMAS, UND DEM MIT AUF DEM BILD VEREWIGTEN MALER FOLTZ. IM HINTERGRUND SIND GESCHÄFTIG DIE HOFKÖCHE AM WERK, ALLEN VORAN KELLERMEISTER TAMBOSI

ir hatten zwei Tage, völlig eingeregnet, in dem Jagdschloß der Vorderriß verweilt, als endlich der 10. Juli den sehnlich erwarteten blauen Himmel brachte. Ein sonnenheller, kühler Frühmorgen weckte uns, die Berge waren mit frischgefallenem Schnee bedeckt (»angeschneibt«), was als gutes Wetterzeichen gilt, und wir rüsteten uns zu einem Zuge über das Blumser Joch (in Tirol), um von

dort zum Achensee niederzusteigen. Durch das großartige Alpental zur hintern Riß wurde gefahren; dort bestiegen wir die Reitpferde, während unsre Wagen auf großen Umwegen über Bad Kreuth zum Achensee gingen, wo sie uns am nächstfolgenden Tage erwarten sollten. Wir ritten zwei Stunden einen rauhen Fußpfad hinan bis zur Hagelhütte; hier mußten wir absitzen, die Pferde wurden zurückgeschickt, und das Steigen begann.

Der König führte bei solchen Gelegenheiten den Spruch im Munde, den er Saussure beilegte: »Man muß auf die Berge steigen, als ob man niemals hinaufkommen wollte« – und richtete sich nach dieser Regel. Er stieg äußerst langsam, aber sicher und ausdauernd und kam zuletzt doch immer ans Ziel, obgleich es den Begleitern manchmal schien, als sei der Gipfel gar nicht zu erleben. So erreichten wir denn auch den wohl gegen 6000 Fuß hohen Rücken des Joches erst um zwei Uhr nachmittags.

Da droben sah es prächtig aus: die Julisonne leuchtete blendend auf den frisch gefallenen Schnee, aus welchem an den steileren Seitenhängen ganze Fluren rotblühender Alpenrosen hervorschauten, hier und da auch vereinzelt blühendes Edelweiß. Nun hätten wir oben unsern Mittagstisch halten sollen angesichts des großartigen Umblickes, der sich links in die tiefe Schlucht des Achensee, rechts in die Wildnisse der Hochalpenkette öffnete. Allein mitten im Schnee, der obendrein wieder zu schmelzen begann, ließ sich das denn doch nicht durchsetzen. Rottenhöfer war schon früh morgens mit vielen Trägern und seiner ganzen Küchenausrüstung heraufgegangen. Er hatte unfern des ungastlichen Joches eine Sennhütte, die Blumseralm, gefunden, welche wenigstens Obdach bot.

Aber an ein Aufschlagen der Tafel in der Hütte, wo nur eben das Bett der Sennerin neben dem Herde und dem Käskessel Platz hatte, war freilich nicht zu denken. Rasch entschlossen, ließ er darum den einzigen größeren bedeckten Raum, den Kuhstall ausräumen. Der Boden wurde zur Vertilgung ländlicher Gerüche dick mit frischem Heu belegt, die Wände mit Gewinden von Knieföhrenzweigen und Alpenrosen malerisch maskiert; vor der schlimmsten Partie aber waren zwei blendend

MARIE, ENKELIN KÖNIG FRIEDRICH WILHELM II. VON PREUSSEN, GEBOREN AM 15. OKTOBER 1825 IN BERLIN. 1842 VERMÄHLT MIT KRONPRINZ MAXIMILIAN, 1848–1864 KÖNIGIN VON BAYERN, MUTTER DER KÖNIGE LUDWIG II. UND OTTO I. VON BAYERN, GESTORBEN AM 17. MAI 1889 IN SCHLOSS HOHENSCHWANGAU

DINER LUDWIG II. IN DER LINDE AUF DER GROSSEN TERRASSE VON LINDERHOF. AQUARELL VON H. BRELING

weiße Bettücher in groß stilisiertem Faltenwurfe aufgehangen und reich mit Alpenrosen bekränzt. Die Türöffnung war so niedrig, daß man nur gebückt hereinkommen konnte, Fenster nicht vorhanden. Zum Ersatz fiel durch die zahlreichen Löcher des Daches eine Art Rembrandtisches Oberlicht in das geheimnisvolle Helldunkel. In Ermangelung eines Tisches diente die Stalltüre als Tafel, zwei Bänke von alten Brettern auf Klötze gelegt statt der Stühle. Da jedoch diese Bänke etwas höher geraten waren als der Tisch, so ragten unsre Knie einen halben Fuß über die Tafel, die Füße schwebten in der Luft und wir mußten die Teller beim Essen in den Händen halten. Im Gegensatz zu alledem war nun aber die Stalltüre mit dem feinsten Tafelzeug gedeckt, wir speisten auf kostbaren Tellern, tranken aus silbernen Reisebechern und, wie jeden Tag, lag das kalligraphisch zierlich geschriebene »Menu« neben dem Gedecke des Königs.

Der Kontrast gegen die Umgebung war so abenteuerlich, daß uns der König zur feierlichen Eröffnung der Tafel dieses nach allen Regeln französisch verfaßte Menu vorlas – von der Reissuppe mit Huhn zu den Forellen mit neuen Kartoffeln, dem Rindsbraten mit Sauce à la Montpensier, den Koteletten mit neuen Erbsen und Bohnen, dem Rehziemer, in Lorbeerblätter gebraten, bis zum »Schmarren à la Blumseralp«, der Erdbeertorte, den Kirschen und Melonen und dem Konfekt, woran sich zuletzt die Tasse Mokka reihte mit einer Havanna, welche Se. Majestät vom bayerischen Konsul in Havanna als erlesenes Produkt der berühmten Insel zum Geschenk erhalten hatte.

Es war alles echt mit einziger Ausnahme des Gerichtes, welches eigentlich das echteste hätte sein sollen, des »Schmarrens à la Blumseralp«, und der König, welcher auf seinen Jagdzügen auch die Originalküche seines Volkes gar wohl kennen gelernt hatte, meinte, dieser zivilisierte Schmarren erinnere ihn an eine gewisse Sorte von Dorfgeschichten. So fanden wir auch das mitgebrachte Hofbräuhausbier nebst Rheinwein und Champagner echter als das Trinkwasser, welches uns der Berg bot;

20

denn das war in Ermangelung einer Quelle aus einem Schneebache geschöpft und gewann keinen Beifall.

Bei der schneidenden Kälte, die in dem Stalle herrschte, zogen wir unsre Mäntel und Überzieher an, bedeckten die Knie mit den Plaids und zitterten trotzdem vor Frost, bis Essen und Trinken uns die gehörige innere Wärme gab. Die wunderliche Situation entfesselte unsern Humor; niemals in meinem Leben habe ich einer fröhlicheren Tafel beigewohnt, Geist, Witz und Laune sprudelten in dem Tischgespräche, und die heitere Stimmung erreichte ihren Gipfel, als wir uns beim Braten plötzlich von außen belagert sahen.

Den Kühen war es nämlich draußen zu kalt geworden, sie kamen zu ihrem Stall zurück und suchten brüllend durch die offene Türe einzudringen, wurden aber von den servierenden Bedienten mit ihren Servietten tapfer bekämpft und endlich zurückgeschlagen. Schade, daß sich kein Maler zur Stelle fand; die Hoftafel im Kuhstall würde ihm Stoff zum originellsten und stimmungsvollsten Genrebild geboten haben.

Nach Tische besuchten wir alle Rottenhöfers improvisierte Küche, die er sich in der Sennhütte auf einem Herde, der bis dahin nur einen großen Käskessel geheizt, höchst sinnreich aufgebaut hatte. Es war ihm in der Tat gelungen, alle jene Gerichte so vollendet zu bereiten wie nur immerhin in der Münchener Schloßküche. Also ehrte der König auch hier den Künstler nach seiner gewohnten Weise, nicht indem er ihn lobte, sondern indem der ihn in der Werkstatt belauschte.«

ach diesem idyllischen Exkurs nun wieder zurück zum strengen Hofreglement in München. Nicht nur der Tagesablauf, auch der Jahresrhythmus war genau fixiert: am 1. Januar Neujahrscour und Bankett, im Fasching zumeist fünf Bälle – ein Hofball, drei Kammerbälle, ein déjeuner dansant– während der Karwoche Fastenspeise im Cabinet ohne Hofstaat, am Gründonnerstag Ausspeisung der 12

21

Alten Männer, am 24. April Georgi-Ritter-Fest, zu Fronleichnam Geistliche Herrentafel, im Sommer und Herbst Landaufenthalte in Hohenschwangau und Berchtesgaden, an Kirchweih das traditionelle Verteilen der Kirchweihnudeln und an Weihnachten schließlich Bescherung für Familie und Bedienstete – dazwischen Hoftafeln, Militärdiners, Familientafeln zu Geburtstagen, Hochzeiten, Taufen und Begräbnissen, kleine und große Abendgesellschaften, Herrengesellschaften am Billard, Tee bei der Königin und Schokoladepartien bei den Prinzen Ludwig und Otto, Besuche bei den Geschwistern und beim Vater im Wittelsbacher Palais und Jagd- beziehungsweise Landpartien in die Umgebung Münchens.

Noch strenger als dieses Jahresreglement war die Hierarchie im Hofstaat Seiner Majestät des Königs, nachzuvollziehen im Hof- und Staatshandbuch des Königreichs Bayern. Im Jahr 1863 zum Beispiel lesen wir:

1. Oberst-Hofmeister-Stab (Obersthofmeister Se. Excell. Cajetan Peter Graf von und zu Sandizell, der Krone Bayern erbl. Reichsrath); ihm unterstanden der Hofkirchensprengel, die Kgl. Leibgarde der Hartschiere, der Kgl. Hausschatz, die Kgl. Leib-, Leibwund- und Hofstabsärzte, die Hofapotheke, die Kgl. Residenz in München wie das Wittelsbacher Palais, die Lustschlösser Nymphenburg, Fürstenried und Berg, die Residenzen und Schlösser Berchtesgaden, Landshut, Neuburg a.d. Donau, Ansbach, Triesdorf, Bayreuth, Bamberg, Würzburg, Aschaffenburg, Veitshöchheim und Brückenau.

2. Oberst-Kämmerer-Stab (Oberstkämmerer Se. Excell. Johann Nepomuk Frhr. von Poißl, Kämmerer); ihm unterstanden der Ober-Ceremonienmeister, ein Stabs-Offiziant, ein Hof-Offiziant, vierhundert Kämmerer, einhundertsiebenundvierzig Kammerjunker und vier Hofjunker.

ZUM BILD RECHTS: DIE KGL. FAMILIE IM SCHLOSS-PARK VON HOHENSCHWANGAU, DEM LIEBLINGSAUFENTHALT MAX II. UND SEINER GEMAHLIN MARIE. HIER VERLEBTEN DIE KINDER DIE GLÜCKLICHSTEN TAGE IHRER KINDHEIT. KOLORIERTE LITHOGRAPHIE VON ERICH CORRENS, UM 1850

*SIEGEL DER KGL.
HOF-KELLEREI*

3. Oberst-Hofmarschall-Stab (Hofmarschall Carl Graf von Butler-Clonebough, Kämmerer, Generamajor und Flügeladjutant Sr. Maj. des Königs); ihm unterstanden die Hoffouriere, der Offizendienst, also der Proviantmeister, der Kellermeister, der Confectmeister, der Silberverwahrer, die Leinwandmeisterin, die Hofoffizianten I.–IV. Classe und die Offiziengehilfen wie schließlich die Kgl. Hofgärten.

4. Oberst-Stallmeister-Stab (Vice-Stallmeister Otto Frhr. von Lerchenfeld-Aham, Kämmerer); ihm unterstand die Pagerie, die Livrée mit den Leibjägern, der Marstall, das Fourage-Magazin und die Hofgestüte Rohrenfeld wie Bergstetten mit Neuhof.

5. Kgl. Hofmusik-Intendanz

6. Kgl. Hoftheater-Intendanz

7. Kgl. Hofjagd-Intendanz (Vorstand Maximilian Kaltenborn, Hofjagd-Inspektor mit Rang und Uniform eines Kreisforstrathes)

8. Kgl. Hofbau-Intendanz (Intendant Leo von Klenze, Kämmerer, wirkl. Geh. Rath)

9. Kgl. Hof-Rechnungs-Revisions-Stelle (Vorstand Johann Nepomuk von Sutner, Ministerialrath und Vorstand der Staatsschuldentilgungs-Commission)

10. Secretariat Seiner Majestät des Königs (Secretär des Königs Franz Seraph von Pfistermeister, kgl. Hofrath)

11. Kg. Hof-Secretariat

*EISENPFANNE MIT DEM SIGNET
DER KGL. HOFKÜCHE UND
INVENTARNUMMER*

Der Hofstaat Ihrer Majestät der Königin umfaßte einen Obersthofmeister (als solcher funtionirend Victor Heinrich Vicomte de Vaublanc, Kämmerer, Oberhofmeister), eine Obersthofmeisterin (als solche functionirend Julie Gräfin von der Mühle, geb. Freiin von Wöllwarth, Oberhofmeisterin), zwanzig Palastdamen, zwei Hofdamen, einen Sekretär, zwei Kammerfrauen und

zwei Garderoberinnen, dazu den Erzieher und den Begleiter der Prinzen Ludwig und Otto.

Daran schloß sich an der Hofstaat Sr. Majestät des Königs Ludwig (I.) wie der der übrigen Mitglieder des Kgl. Hauses, was jedoch für die Hofhaltung an sich nicht von Wichtigkeit ist, da diese Herrschaften über ihre eigene Apanage und somit eigene Hofhaltung verfügten.

Die kgl. Hofküche, das heißt das Koch- und Servierpersonal wie die Proviantkammer, der Weinkeller, die Hofküchengärten am Lehel, in Nymphenburg und Fürstenried (nur für Zwiebeln zuständig!), sowie die Silber-, Porzellan- und Leinwandkammer gehörten also zum Oberst-hofmarschall-Stab. Jede der vorgenannten Stellen hatte seinen Vor-stand und sein Inventarbuch, das peinlichst genau geführt werden mußte; so wird bei den sogenannten Inventar-Revisionen am Ende des Jahres der Verlust jeder einzelnen Serviette oder das zu-Bruch-gehen selbst der einfachsten Tasse vermerkt.

Für uns heute noch von Interesse sind die Inventare der kgl. Silber-kammer, die Gold-, Silber- und Vermeil-Geschirr und -Besteck aber auch Porzellan, Bronze-Tafelaufsätze und Glaswerk sowohl nach Anzahl wie nach Wert verzeichnen. 6026 plus 517 Porzellan-Teile im Gesamtwert von 27.195 Gulden 33 Kreuzer enthält die kgl. Silberkammer zum Bei-spiel im Jahr 1860, darunter – inmitten von Schüsseln, Tellern, Terrinen und Kaffetassen – 1 pot de chambre mit Deckel aus chinesischem Porzel-lan für 2 Gulden! Der Gold-, Silber- und Vermeil-Wert beträgt im selben Jahr 465.040 Gulden 27 $^9/_{32}$ Kreuzer zuzüglich 7.652 Gulden 32 Kreuzer für den Schwanen- und Nibelungen-Tafelaufsatz. Da wird auch die Verfügung verständlich, daß sofort nach Diner oder Souper sämtliches »Tafel-Service nach Anordnung des kgl. Silberverwahrers einzusam-meln« und von der Spülküche unverzüglich in die kgl. Silberkammer zu retournieren ist.

Ebenfalls aufschlußreich für die Münchner Hofhaltungs-Gepflo-genheiten sind jene Inventar-Eintragungen, die den »Ausleihmodus« betreffen, so ist neben den einzelnen Positionen häufig vermerkt: König

LUDWIG II. WAR VOM ANBLICK
SEINES DIE RESTE DER KGL.
MITTAGSTAFEL ABRÄUMENDEN
LEIBREITPFERDES »COSA RARA«
SO ENTZÜCKT, DASS ER DIE
SZENE VON SEINEM
PFERDE-PORTRÄTISTEN
WILHELM PFEIFFER IM GEMÄLDE
FESTHALTEN LIESS

Ludwig, Prinzessin Alexandra, oder Berg, Riß, Insel. Wie wir wissen, wurde bei Verlegung des Hoflagers nach Hohenschwangau bzw. Berchtesgaden oder bei kleineren Jagdpartien stets auch das gesamte Geschirr hin- und wieder zurücktransportiert und nicht etwa ein Teil dort deponiert – fast wie im Mittelalter! Auch konnten sich Mitglieder des Kgl. Hauses für größere Einladungen Geschirr aus der Silberkammer ausleihen – eine wiederum sicher sehr praktische Einrichtung.

MASS- UND HALBMASS-BECHER, MÜNCHEN 1690 BZW. 1723, SILBERKAMMER DES MÜNCHNER RESIDENZ-MUSEUMS

Daß Landaufenthalte nicht nur Umstände bezüglich des einmaligen Hin- und Rücktransports von Gebrauchsgegenständen aller Art mit sich brachten, zeigen auch noch andere Listen innerhalb der Obersthofmarschallstabs-Akten: wie sich denken läßt, konnte der Küchenchef nicht einfach vor Ort zum Einkaufen gehen, sondern mußte alles über Extrapost mit Extrazug aus der kgl. Proviantkammer in München anfordern und auf vorgedruckten Listen am Ende wieder abrechnen. So wissen wir aber zum Beispiel, was im September 1860 an Lebensmitteln alles von München nach Berchtesgaden unterwegs war: 1072 ½ Pfd. Ochsenfleisch, 34 gedörrte Zungen, 1193 ½ Pfd. Kalbfleisch, 62 Kälberfüße, 42 Kalbsmilcher, 76 ½ Pfd. Hammelfleisch, 21 Pfd. frisches Schweinefleisch, 17 ½ Pfd. Schweinedörrfleisch, 184 ¾ Pfd. Ordinärer Schinken, 69 Pfd. Weißer Spickspeck, 19 ¼ Pfd. Durcheinander, 1 Gans, 35 Kapaune, 5 Poularden, 50 ½ Alte Hühner, 261 Junge Hühner, 82 Tauben, 184 Pfd. Rotwildpret, 66 ½ Pfd. Reh, 23 Hasen, 52 ½ Pfd. Gemse, 4 Fasane, 82 Feldhühner, 3 Haselhühner, 63 Schnepfen, 4 Wildenten, 87 Wachteln, 37 ¾ Pfd. Forellen, 2 ½ Pfd. Karpfen, 2 ½ Pfd. Salblinger, 11 Pfd. Kiemseelachse, 7 Pfd. Nagmaul, 160 Krebse, 156 Heringe, 1 Pfd. Sardellen frisch, 1 Flasche Engl. Sauce, 375 Pfd. Meliszucker, 5 Pfd. Mocca-Kaffee, 65 Pfd. Surinam-Kaffee, 3 Pfd. Feine Chocolade, 9 Pfd. Ordin. Chocolade, 1 Pfd. Thee, 5 Pfd. Mandeln, 5 Pfd. Rosinen, 30 ½ Pfd.

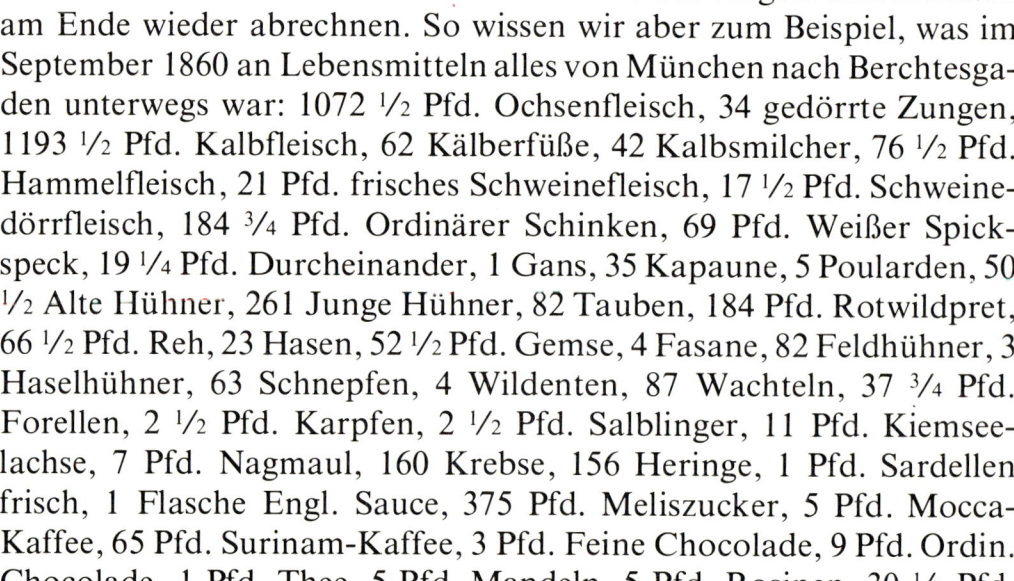

Feines Öl, 200 Citronen, 55 Pomeranzen, 16 Bth Citronat, 5 Bth Muskatnuß, 16 Bth Zimmet, 12 Vanille, 96 Bth Pfeffer, 32 Bth Gelatine, 2 Bth Polenta, 13 Pfd. Maccaroni, 2 Pfd. Gedörrte Zwetschgen, 13 Paket Tapioca, 3 Bth Reismehl, 35 Pfd. Reis, 25 Pfd. Gerste, 450 Pfd. Mehl, 15 Pfd. Grütze, 313 ½ Pfd. Butter, 30 Pfd. Schmalz, 4340 Eier, 300 Pfd. Salz, 2 Glas Trüffel, 4 ⅛ Pfd. Parmesankäs, 4 ⅝ Pfd. Schweizerkäs, 32 Maß Bierhefe, 20 Maß Senf, 87 Maß Ordin. Essig, 18 Flaschen Weinessig, 26 Flaschen Spiritus, 22 ¼ Maß Schleißheimer Rahm, 230 ¼ Maß Rahm 1. Sorte, 147 ¼ Maß Rahm 2. Sorte, 3 ¾ Maß Sauerrahm, 302 ½ Maß Milch.

lles mußte am Münchner Hof seine Richtigkeit haben, so wurde auch über wesentlich geringere Posten peinlich genau Buch geführt, was eine andere Tabelle aus den Akten des Geheimen Hausarchivs beweist, die Ihnen der Kuriosität halber nicht vorenthalten sei:
Verzeichnis über die zu vertheilenden Wildschweinwürste von der am 30. Dezember 1850 stattgehabten Jagd zu Hohenlinden ...
Angeführt wird die Liste der »kulinarischen Anwärter« von König Ludwig I. mit 24 von 148 Stück – ursprünglich waren ihm nur 20 zugedacht – dann folgen die Prinzen Luitpold, Adalbert, Carl und Eduard mit je 6 Stück und die Herzogin von Leuchtenberg mit 10 statt 12 Stück, anschließend das diplomatische Corps mit den Gesandten von Rußland, Württemberg, Preußen, Sardinien und Hannover und der Nuntius, alle reduziert von je 6 auf 4 Stück – der französische Gesandte ist sogar ganz gestrichen, wobei nichts darüber gesagt ist, ob er selber keine wollte, oder ob er keine bekam – nun die Minister Kleinschrod, Ringelmann, Aschenbrenner, Lüder und Zwehl, wieder mit je 4 statt ursprünglich 6 Stück, gefolgt von den Grafen Sandizell und Yrsch mit ebenfalls je 4 statt 6 und den Generälen von Zweibrücken, Hohenhausen und Laroche wie den Herren Dr. Gietl, Breslau, von Schilcher und

»ABFANGEN EINES EBERS« WANDGEMÄLDE VON JOSEF MUNSCH IN EINEM ENTWURF ZUM SPEISEZIMMER DER BURG FALKENSTEIN VON MAX SCHULTE, 1885

*Otto, geboren am 27. April
1848 in der Münchner
Residenz, nach dem Tod
seines Bruders Ludwig II.
1886 König von Bayern,
gestorben am 11. Oktober
1916 in Schloss Fürstenried*

Doenniges mit je 4 Stück; dazwischen die Frhrn. von Freyberg und Poißl wie Graf Pocci, Intendant Frays, Leo von Klenze, Ludwig von der Pfordten und General Paumgarten sind ersatzlos gestrichen – Ungnade oder keine Feinschmecker?

Jedenfalls handelte es sich bei den solchermaßen »Begehrten« laut kgl. Haushofmeister und vormaligem erstem Mundkoch Max II., Johann Rottenhöfer, um fingerlange Wildschwein-Blutwürste, die, kurz vor dem Servieren angebraten, ihres feinen Geschmacks wegen besonders geachtet und bei Gabelfrühstücken oder auch als hors d'oeuvre bei Tafeln gereicht wurden.

Apropos »Ordnung«: natürlich gab es für die Kgl. Hofküche auch eine ausdrückliche Küchenordnung, die ab 1864 sogar gedruckt vorlag. Daneben existierten noch sogenannte Circular-Erlaße, festgelegt in dem eingangs bereits erwähnten *Ordonanzbuch der Kgl. Hofküche,* so zum Beispiel der berühmte »Schnurrbart-Paragraph«, der besagt, daß allen Küchenoffizianten das Tragen eines Schnurrbartes »innerhalb wie außerhalb des Dienstes« strengstens untersagt ist.

Schnurrbart – das ist gleich noch das Stichwort für ein ganz anderes Thema: wie mehrfach erwähnt, bilden den Kern dieses Buches Speisekarten aus der Sammlung des Prinzen Otto, der diese offensichtlich als willkommenes Skizzenpapier für Karikaturen seiner Tafelgenossen – mit Vorliebe bärtige – beziehungsweise für Schulaufgaben und Notizen verwendet hat. Die Interessantesten – darunter eine Geschenkliste für Mutter und Bruder – haben wir auf der nächsten Seite zusammenmontiert. Ganz in dieses Bild paßt übrigens auch ein Gästebucheintrag Ottos für die »Schluxen«, einem beliebten Ausflugsziel von Hohenschwangau aus, der recht lapidar lautet:

*Fürst Taxis
trug mit Kellnerpraxis
Wurst und Butter
uns zum Futter . . .*

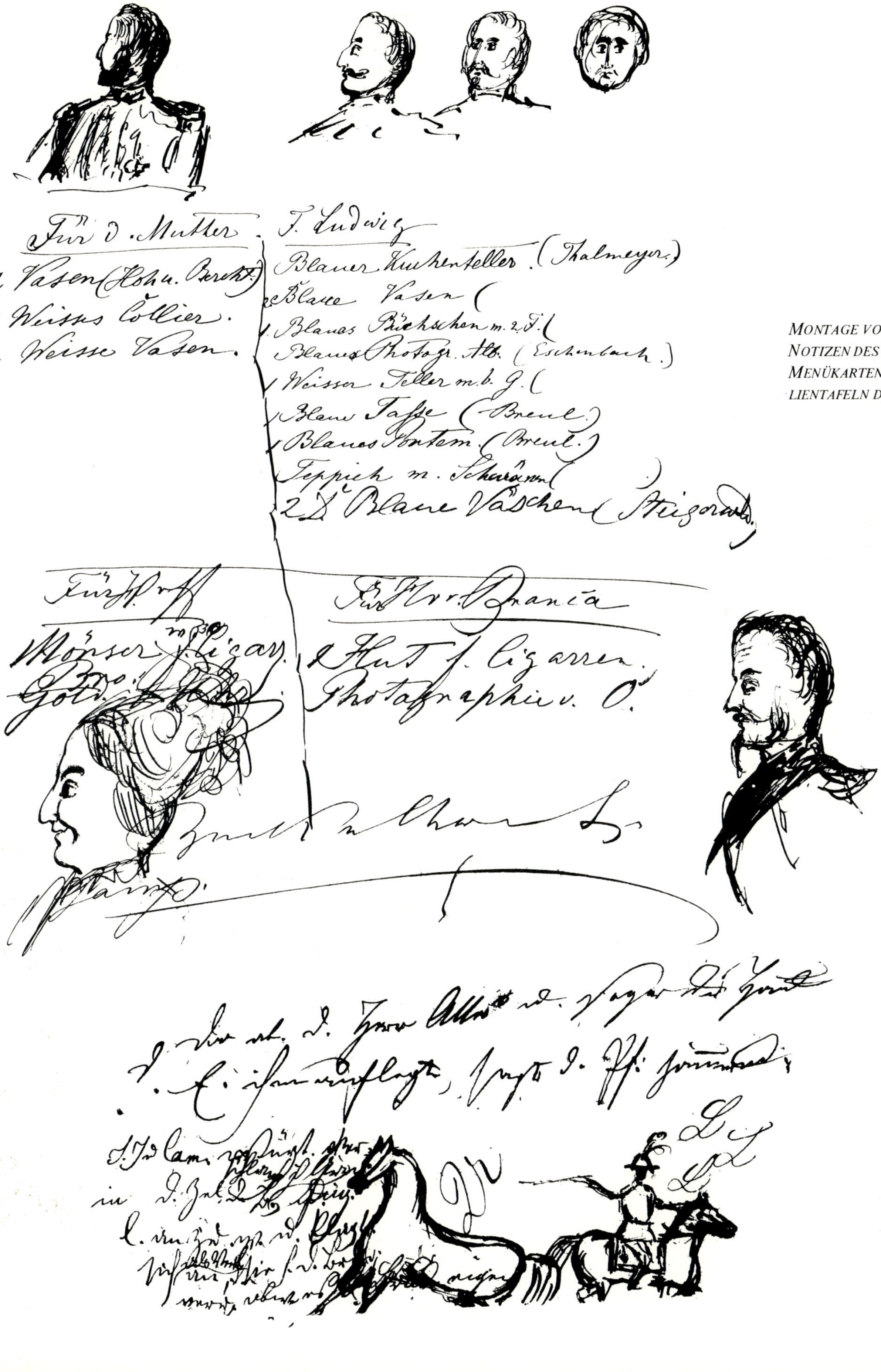

Für d. Mutter:

2 Vasen (Hoh u. Bereit).
1 Weisses Collier.
2 Weisse Vasen.

T. Ludwig

Blauer Kuchenteller. (Thalmeyer).
Blaue Vasen (
Blaues Büchschen m. 2 d. (
Blaues Photogr. Alb. (Eschenbach.)
Weisser Teller m. b. g. (
Blaue Tasse (Breul.)
Blaues Fontem. (Breul.)
Teppich m. Schwämen)
2 d. Blaue Väschen (Steigeren)

Für Schrott

Für Her v. Branca

1 Hut f. Cigarren.
Photographie v. O.

MONTAGE VON SKIZZEN UND
NOTIZEN DES PRINZEN OTTO AUF
MENÜKARTEN VON KGL. FAMI-
LIENTAFELN DER JAHRE 1863/64

SPEISEKARTE ZUM VERMÄH-
LUNGS-BANKETT DES PRINZEN
LEOPOLD MIT DER ERZHER-
ZOGIN GISELA AM 30. APRIL
1873 IN DER MÜNCHNER
RESIDENZ

DINER
DE SA MAJESTÉ
LE ROI.

Tourtle-soupe
Attereaux de fois gras
Saumon du Rhin à la Birnaise
Filet de bœuf aux haricots verts
Boudins à la Justine aux Truffes

Maiwein

Chaponneaux et chevreul rôtis
Asperges
Pommes à la Fontange
Gâteaux à la Portugaise
Glaces: aux épines-vinettes
á la vanille
et au muscat
Compot d'ananas

Vins
Sherry
Château Yquem
Champagne Veuve Clicquot
Bordeaux Château Lafitte
Steinberger Cabinet 1862"

Liqueurs
Anisette
Chartreuse

»*Mein Gott, das ist doch ein Traum . . .*«
Festbankette am Hof Ludwig II. zu München

us der Regierungszeit des Nachfolgers König Maximilian II. von Bayern, Ludwig II., haben sich eine Reihe Bild- und Textdokumentationen großer Bankette erhalten, deren imposanteste als Abrundung des Themas hier wiedergegeben seien.

Zunächst das Festbankett vom 30. April 1873 anläßlich der Vermählung des Prinzen Leopold von Bayern, Sohn Luitpolds und damit Cousin Ludwig II., mit der österreichischen Erzherzogin Gisela, Tochter Kaiser Franz Josephs und der Wittelsbacherin Elisabeth, im Hofballsaal des Festsaalbaus der Münchner Residenz, zu dem das offizielle Ceremoniel überliefert ist.

*as Bankett findet am 30. April um 4 Uhr in dem Hofball-Saale statt.*
An der mit Gobelins, Palmen und Blumen reich verzierten Fensterseite des Saales ist unter einem breiten Baldachin eine dreistufige Estrade für den Bankett-Tisch errichtet.

Zu beiden Seiten der Estrade sind reich garnierte Schenktische aufgestellt.

Hinter der Mitte des Bankett-Tisches und neben den beiden Schenktischen stehen je zwei Hartschiere.

Der Estrade gegenüber steht in der ganzen Länge des Saales ein Spalier von Hartschieren, hinter welchem das Publikum mit freiem Zutritte, nach dem Eintritte der Herrschaften bis zum Beginne des Dankgebetes, von dem Eingange neben der Musiktribüne nach der entgegengesetzten Ausgangsthüre durchzieht.

Für den Tafeldienst ist die Thüre unter der Musiktribüne und der Gang des Festsaalbaues bis zum Habsburgersaale reserviert.

Auf beiden Tribünen sind Musikcorps aufgestellt.

33

Die Allerhöchsten und Höchsten Herrschaften versammeln Sich im Saale Barbarossas.

Seine Majestät der König begeben Sich dahin mit dem kleinen Dienst.

Ihre Königlichen Hoheiten die Prinzen und Prinzessinnen des Königlichen Hauses fahren an der Kaisertreppe des Hofgartenbaues an, an deren Fuß Höchstdieselben zur Cortegirung von dem persönlichen und dem Kammerdienste, sowie von königlichen Edelknaben, erwartet werden. Die Schleppen der Hofmäntel Ihrer Königlichen Hoheiten der Prinzessinnen werden von königlichen Edelknaben bis zum Thron-Saale getragen, wo sie von den Oberhofmeisterinnen und Hofdamen bis zum Eintritt in den Saal Barbarossas übernommen werden. Nach geleistetem Cortège begibt sich der Dienst sofort in den anstoßenden Saal Karls des Großen.

Die Herren und Damen der ersten Hofrangesklasse, welche dem Bankette anzuwohnen wünschen und hievon dem königlichen Oberst-Ceremonienmeister Anzeige gemacht haben, ferners die Herren und Damen des großen Dienstes, welche an diesem Tage nicht persönlichen Dienst haben, fahren an der großen Treppe des Festsaalbaues an und versammeln sich im Saale Karls des Großen.

Nach der durch den königlichen Obersthofmarschall erstatteten Meldung begeben Sich die Allerhöchsten und Höchsten Herrschaften unter Vorantritt der Herren des großen Dienstes und gefolgt von den Damen vom Dienste und den dem Bankette anwohnenden Herren und Damen der ersten Hofrangesklasse durch den Saal Karls des Großen nach dem Hofball-Saale.

Im Hofballsaale übernehmen den speziellen Cortège nach der Bankett-Estrade die königlichen Kammerjunker, Kammerherrn, Hofchargen der Höchsten Herrschaften und der königliche Oberstkämmerer, welche, wie der Capitaine des Gardes und der königliche General-Adjutant vom Dienst, sich hinter die Stühle Ihrer Allerhöchsten und Höchsten Herrschaften stellen. Die königlichen Kämmerer rücken die Stühle und übernehmen von den betreffenden Hof-Chargen Hüte und Handschuhe der Allerhöchsten und Höchsten Herrschaften. Die Oberhofmeisterinnen und Hofdamen, welche die Schleppen im Saale Karls des Großen übernommen haben, breiten

dieselben über die Stühle und verlassen hierauf die Estrade, um sich nach den für sie bestimmten Plätzen zu begeben.

Die oben nicht genannten Herrn des großen Dienstes treten am Eingange des Hofballsaales aus dem Cortège und verfügen sich, wie die dienstfreien Damen und Herren und Damen der ersten Hofrangesklasse, welche dem Bankette anwohnen, nach dem Raume zu beiden Seiten der Estrade, wo für die Damen Tabouretts bereitstehen werden.

Dem Bankett-Tische gegenüber stehen der königliche Obersthofmarschall mit dem Amtsstabe; hinter ihm der Hoffourrier vom Dienst.

Die Musikcorps spielen Fanfaren, unter deren Klängen die Allerhöchsten und Höchsten Herrschaften den Saal betreten, bis zum Beginne des Benedicté, welches der Prodekan des Collegiatstiftes zu St. Cajetan, dem zwei königliche Edelknaben respondiren, vor den Stufen der Bankett-Estrade stehend, spricht.

Während die Allerhöchsten und Höchsten Herrschaften und die Damen Ihre Plätze einnehmen, gibt der königliche Obersthofmarschall Hut und Stab an den Hoffourier ab, tritt an den Service-Tisch und legt die Suppe vor, welche von königlichen Edelknaben dem Kammerdienste, und von diesem für Seine Majestät den König dem königlichen Oberstkämmerer, für die Höchsten Herrschaften den betreffenden Hofchargen übergeben wird, welche serviren.

Nach der Suppe tritt der königliche Obersthofmarschall an den Schenktisch, kostet von dem Weine, welchen die königlichen Edelknaben hierauf an die königliche Tafel tragen, wo derselbe den Allerhöchsten und Höchsten Herrschaften in ähnlicher Weise, wie die Suppe, servirt wird. Seiner Majestät dem Könige wird der Wein vom königlichen Obersthofmarschall gereicht, welcher sich nach dieser Funktion auf seinen Platz zurückbegibt und Hut und Stab übernimmt.

Seine Majestät der König erheben Sich und trinken auf das Wohl der Durchlauchtigsten Neuvermählten.

Die Musikcorps blasen Tusch und nach demselben spielt das Musikcorps über dem Eingange die österreichische National-Hymne.

GISELA, ERZHERZOGIN VON ÖSTERREICH, GEB. 1856 IN LAXENBURG BEI WIEN, VERMÄHLT 1873 MIT PRINZ LEOPOLD VON BAYERN (1846 BIS 1930), GEST. 1932 IN MÜNCHEN

Hierauf geben Seine Majestät der König ein Zeichen, nach welchem der Service vom königlichen Kammerdienste übernommen wird und die Hofchargen die Estrade verlassen, auf welcher nur der Capitaine des Gardes, der königliche General-Adjutant und der Kammerdienst zurückbleiben.

Die Musikcorps spielen abwechselnd ohne Pausen während des ganzen Banketts.

Wenn die Allerhöchsten und Höchsten Herrschaften Sich erheben, treten die Oberhofmeisterinnen auf die Estrade, um die Schleppen der Manteaus zu übernehmen. Ebendahin verfügen sich die Hofchargen, um Hüte und Handschuhe zu übergeben.

Der königliche Prodekan tritt an die Stufen der Bankett-Estrade und spricht wie oben, das Dankgebet, nach welchem Seine Majestät und Ihre Königlichen Hoheiten unter den Klängen der National-Hymne und unter Vortritt der Herren des großen Dienstes und gefolgt von den diensthuenden Damen und den anwesenden Herren und Damen der ersten Hofrangesklasse nach dem Saale Karls des Großen Sich zurückbegeben, wo die Herren und Damen der ersten Hofrangesklasse, welche dem Bankett angewohnt haben und die Herren und Damen des großen Dienstes, welche an diesem Tage nicht persönlichen Dienst haben, nach dem cercle entlassen werden.

Wenn die Allerhöchsten und Höchsten Herrschaften den Saal Karls des Großen verlassen, übernimmt der persönliche Kammerdienst mit königlichen Edelknaben, wie bei der Ankunft, die Cortegirung durch den Habsburg- und Thronsaal nach der Kaisertreppe, von welcher die Abfahrt stattfindet.

Anzug: Die Damen erscheinen im manteau de cour.
        Die Herren in Hof-Gala.

ZUM BILD RECHTS: SPEISEKARTE ZUM URSPRÜNGLICH FÜR DEN 24. APRIL 1880 ANGESETZTEN GEORGI-RITTER-BANKETT

München, den 25. April 1873

Auf Allerhöchsten Befehl.
Der königl. Oberst-Ceremonienmeister.

38

Banquet. 24. Avril 1880.

Potage à la d'Artagnan	Madeira.
Oeufs de vanneaux	Forster Ausbruch 1874.
Cailles à la Volière	
Saumon du Rhin à la Hollandaise	Oeil de perdrix.
Filet de boeuf à la Printanière	Bourgogne Romané 1858.
Dindon à la Godard	
Cuissot de marcassin à l'Anglaise	Champagne L. Roederer.
Suprême de volaille aux haricots verts	
Pâté de bécasses aux truffes	Bordeaux Lafite 1862.
Langouste à la Ravigote	
Terrine de foie gras	
Maiwein	
Selle de mouton en chevreuil	Marcobrunner 1868.
Chaponneaux rôtis	
Asperges	
Gelée au vin de Champagne	
Gâteaux à la St. George	
Glaces: chocolat, fraises, ananas.	Tokayer.

OB IHRER GANZ BESONDEREN
PRUNKENTFALTUNG BERÜHMT
WAREN DIE GEORGI-RITTER-
FESTE DER LUDWIG II-ZEIT.
DAS VOM 26. APRIL 1880, BEI
DEM DIE KGL. PRINZEN LUDWIG
FERDINAND UND ALPHONS VON
BAYERN AUFNAHME IN DEN
ORDEN FANDEN, MUSS NACH
CHRONISTENBERICHTEN ZU
SCHLIESSEN, ALLES VORANGE-
GANGENE IN DEN SCHATTEN GE-
STELLT HABEN. EINE VERGLEICHS-
WEISE BESCHEIDENE WIEDER-
GABE STELLT DA DAS AQUARELL
VON JOHANN CASPAR HERTE-
RICH DAR. AN DER MIT GOLD
GEDECKTEN KÖNIGSTAFEL VON
LINKS DIE PRINZEN ALFONS,
LUDWIG, LUITPOLD, DANN DER
KÖNIG, UND RECHTS VON IHM
DIE PRINZEN LEOPOLD UND
LUDWIG FERDINAND

bsoluter Glanzpunkt des Hoflebens jedoch war das Georgi-Ritterfest am 24. April. Leider gibt es zur Gouache Johann Caspar Herterichs vom Festbankett 1880 keine Beschreibung, wohl aber zum Ritterfest von 1877, das als exemplarisch gelten darf.

In der Allgemeinen Zeitung vom 27. April 1877 lesen wir:

»... Die Pracht und der Schmuck des Bankettsaales, wir sagen damit nicht zuviel, trotzt jeder Beschreibung; diesmal war selbst die Ausschmückung bei dem letzten Ordensfest vor drei Jahren überboten.

An der Decke, von welcher ein rießiger Glaslüster mit zahlreichen Kerzen herniederhing, waren von Eck zu Eck mit Goldfäden und Goldbändern durchzogene Tannengewinde geschlungen. In den vier Saalecken hoben sich von dem Grün der exotischen Gewächse alte Eisenrüstungen mit Standarten und Waffentrophäen ab.

Die Wände waren mit den viel bewunderten Gobelins behangen, welche aus der Münchner Fabrik, die Kurfürst Maximilian durch die Niederländer van Biest hatte einrichten und leiten lassen, hervorgegangen, darstellend wichtige Momente aus dem Leben des Pfalzgrafen Otto des Großen von Wittelsbach ...

Rechts und links von der Nische, in welcher die moderne bronzirte Statue des Ritters Georg über Blumen und Grün sich erhob, war auf zwei Prunktischen der unvergleichliche Schatz des Bayerischen Königshauses in Vasen, Kannen, Krügen, Bechern, Schüsseln, Schalen, Kästchen von Gold, Bergkrystall, Elfenbein, mit bewunderungswürdiger Kunst gearbeitet, zur Schau gestellt.

Auf den beiden für die Ritter gedeckten Tafeln standen inmitten des kostbaren Service's Tafelaufsätze von beachtlicher Größe in kunstreicher moderner Ausführung.

Doch den Höhepunkt der Herrlichkeit bildete die für Se. Majestät und die beiden Prinzen bereitete Tafel. Unter dem goldgestickten weißen Balda-

chin, auf dem die lorbeerumwundenen königlichen Insignien ruhten, in dessen Mitte in einem Kranze von Lorbeer und Immergrün das bayerische Wappenschild, zu dessen beiden Seiten zwei Georgi-Ritterschilde hingen, stand auf einer Estrade, um welche ein geschmackvoller rothsammtener Teppich mit bayerischen Rauten auf goldenem Grunde lief, die Königstafel und auf derselben eine Sammlung von Kleinodien, wie sie kaum anderwärts mehr zu finden sein dürfte.

Vor Sr. Majestät in der Mitte der Tafel stand eine Statuette des hl. Georg auf silbernem, vergoldetem Sockel, von dem Kurfürsten Maximilian I. dem hl. Georg als »Schutz- und Schirmherrn des Fürstenhauses und Landes Bayern« geweiht, eine ungemein zierliche kunstvolle Renaissance-Arbeit, der Reiter von geschmolzenem Gold, das Pferd von röthlichem Achat, der Drache grün emaillirt mit Smaragden, Rubinen und wie die ganze Figur, mit anderen Edelsteinen besetzt; ein in einer Nische verborgenes Lädchen enthält eine in Rubinen gefaßte Reliquie des Heiligen …

LUDWIG II. BEIM FESTBANKETT DES GEORGI-RITTER-ORDENS 1868; MIT AN DER TAFEL SITZEN PRINZ OTTO UND IHM GEGEN-ÜBER DIE PRINZEN LUITPOLD UND ADALBERT, AQUARELL VON J. FRANK UND FR. EIBNER

Zu Füßen der Ritterstatuette an der Vorderseite fesselte das Auge ein dem Hans Mülich zugeschriebenes zierliches Bassin nebst Credenzteller von Rhinoceroshorn in Gold gefaßt, dessen Schale den in Gold emailierten Figürchen von Neptun und Aphrodite zum Ruheplätzchen diente. Den Onyx-Kruge und die fünf vergoldeten mit seltener Kunst gearbeiteren Becher wollen wir hier nur kurz erwähnen.

Die Tafel war eröffnet und geschlossen durch ein von Stiftsdekan Enzler gesprochenes Gebet, welchem Pagen respondirten, und während derselben, die von den Klängen eines unter der Direction des Hofmusikers Schiesel stehenden Hofmusikorchesters begleitet war, brachte Se. Majestät der Großmeister die herkömmlichen Gesundheiten aus: »zum Flor und Auf-nahme«, und auf die sämtlichen Rittergrade, und der Ordensgroßkanzler mit Deckelglas auf den allerdurchlauchtigsten Großmeister, die durchlauch-tigsten Großprioren und das allerhöchste königliche Haus.

Dem hinter der Spalier bildenden königlichen Leibgarde ab- und zuwo-genden Volke mochte bei dem Anblick der Herrlichkeit sein, als habe es eines der schönsten Märchen seiner Phantasie verwirklicht vor Augen.«

43

*MARIA DE LA PAZ, INFANTIN
VON SPANIEN, GEB. 1862 IN
MADRID, VERMÄHLT 1883 MIT
PRINZ LUDWIG FERDINAND
VON BAYERN (1859–1949),
GEST. 1946 IN NYMPHENBURG*

ehn Jahre nach dem Vermählungsbankett Gisela-Leopold fand zu Ehren des neuvermählten Paares Prinz und Prinzessin Ludwig Ferdinand in denselben Sälen ein noch feenhafteres Gala-Diner statt. Der Bayerische Kurier vom 8. Mai 1883 berichtet darüber:

»... Die Garten- und dekorative Kunst hatten sich gegenseitig überboten, um die prächtigen Räume, worin sich die hohen und höchsten Herrschaften bewegten, mit nie gesehener Pracht auszustatten. Eine Fülle von Palmen, exotischen Gewächsen und reizenden Blumen in geschmackvollster Weise da und dort gruppiert, fesselten überall das entzückte Auge. Vom Festibul der Kaiserstiege, deren Fließen mit weichen rothen Teppichen belegt waren, erstreckte sich ein Wald überreichen Pflanzenschmuckes hinauf in die Vorzimmer.

Erregte in den letzteren schon die brillante Dekoration der Wände, Nischen und Gesimse durch Bouquets lebender Pflanzen und Blumen Bewunderung, so erhöhte sich dieser Eindruck beim Betreten des Thorn- und Barbarossa-Saales, und steigerte sich zum Entzücken bei dem wahrhaft feenhaften Anblick, welchen der eigentliche Festraum, der Saal Karl's des Großen bot. Im Thronsaale waren zu beiden Seiten des Thrones prächtige Orangenbäume aufgestellt, wobei die goldenen Früchte aus dem herrlichen Grün der Blätter hervorschimmerten, das königliche Wappen über dem Throne von einem wundervollen Lorbeerkranz umschlungen. Reizende Gruppen von Palmen, Orangenbäumen, blühenden Rhododendrons, Azaleen und Rosen, woran sich ein Parterre farbenreicher Hyazinthen, allerliebster Maiglöckchen, Primeln, Zwergrosen und Veilchen, einen Blumenteppich bildend, reihten, verwandelten, ihre balsamischen Düfte den glanzvollen Räumen spendend, dieselben in blühende Gärten.

Die hufeisenförmig aufgestellte Tafel im Saale Karls' des Großen zu schmücken, hatte die Gold- und Silberkammer ihre reichen Schätze geliefert. Das berühmte Nibelungen-Service, Teller und Bestecke von Gold, kostbare Fruchtschalen mit herrlichen Früchten, prächtige Vasen gefüllt

mit duftenden Blumen, reizende Blätter- und Blumengirlanden bildeten die Tafelzier. Das ganze Service war mit Veilchen, Hyazinthen und Myrthenkränzchen garnirt.

Der Eindruck des Ganzen mit der glänzenden Gesellschaft, aus welcher sich die majestätische Gestalt Sr. Majestät des Königs hervorhob, und die Pracht und Schönheit der Toiletten der erschienenen hohen und höchsten Damen, die das Auge fesselten, war ein zauberhafter, wie in einem Märchen aus Tausend und einer Nacht. Sr. Majestät dem Könige zur Rechten saß Prinzeß Ludwig Ferdinand, während Prinz Ludwig Ferdinand an der linken Seite Allerhöchstdieselben seinen Platz hatte. An der Tafel nahmen vom k. Hause außerdem noch Theil II. KK. HH. die Prinzen Luitpold und Alphons, die Prinzessinnen Gisela, Adalbert, Elvira und Herzog Ludwig, sowie der große Dienst der höchsten Herrschaften, ferner die Palastdamen Gräfin Rechberg und Yrsch, die k. Staatsminister Dr. v. Lutz, Frhr. v. Crailsheim, Oberstkämmerer Frhr. Pergler von Perglas, der Generalkapitän der Leibgarde der Hartschiere, Frhr. v. Prankh, Armeekorps-Commandant Frhr. v. Horn, Oberhofmeister Graf Pappenheim, Hofmarschall Frhr. v. Redwitz, die Reichsräthe Graf Lerchenfeld-Köfering, von der Mühle und Drechsel, Regierungspräsident v. Hörmann von Augsburg, Stadtkommandant Generallieutenant v. Heckel, die k. Kämmerer Kommandeur der Leibgarde der Hartschiere Frhr. v. Gumppenberg, Regierungs- und Polizeidirektor Frhr. v. Pechmann und endlich die dienstthuenden Kämmerer Frhr. v. Kramer und v. Helingrath ...«

Dann folgen noch die Tafelmusik-Nummern; über das Menu selbst jedoch wird nichts gesagt, wie übrigens überhaupt auffällt, daß bei all diesen sog. Schau-Essen zwar über den Vorgang des Servierens, nicht aber über die aufgetragenen Speisen berichtet wird.

So erzählt die Prinzessin Ludwig Ferdinand ihrem königlichen Bruder in Spanien auch ganz begeistert von den traumhaften »Begleitumständen« ihres Soupers mit Ludwig II. in dessen Wintergarten, erwähnt aber mit keinem Wort, *was* gegessen wurde:

ZUM BILD AUF DEN FOLGENDEN SEITEN: DER WINTERGARTEN LUDWIGS II. AUF DEM DACH DES FESTSAALBAUS DER MÜNCHNER RESIDENZ, 1867/69 DURCH HOFBAURAT EDUARD RIEDEL UND HOFGARTENINSPEKTOR KARL VON EFFNER ERRICHTET, GAB OFT ANLASS ZU »MÄRCHENHAFTEN« BESCHREIBUNGEN: DIE REIZENDSTE STAMMT VON PRINZESSIN MARIA DE LA PAZ, DIE »FARBIGSTE« VON JULIUS LANGE, DER IN DIVERSEN AQUARELLEN DIE PRACHTVOLLSTEN DETAILS DIESES KUNSTGARTENS DER NACHWELT ÜBERLIEFERT HAT

ZUM BILD RECHTS:
DIE TAFEL IST GEDECKT...
IM HARTSCHIERSAAL DES
MÜNCHNER RESIDENZMUSEUMS
MIT DEM VERMEILSERVICE
(FEUERVERGOLDETES SILBER)
KÖNIG MAX I. JOSEPHS;
PARIS UM 1800

»... Nachdem wir durch die Gemächer des Königs gegangen waren, gelangten wir an eine hinter einem Vorhang versteckte Türe. Lächelnd hob der König den Vorhang zur Seite. Ich war verblüfft; denn ich sah einen riesigen, auf venezianische Art beleuchteten Garten mit Palmen, einen See, Brücken, Hütten und schloßartige Bauwerke. »Geh«, sagte der König und ich folgte fasziniert, wie Dante Virgil ins Paradies. Ein Papagei schaukelte sich in einem goldenen Reif und schrie mir »Guten Abend« entgegen, während ein Pfau gravitätisch vorüber stolzierte. Wir gingen auf einer primitiven Holzbrücke über einen beleuchteten See und sahen zwischen Kastanienbäumen eine indische Stadt vor uns. Als eine versteckte Militärmusik meine »Marcha de Infantes« anstimmte, sagte ich dem König mit Überzeugung, daß dies der Höhepunkt seiner Aufmerksamkeit sei. »Später wirst Du noch mehr spanische Musik hören«, erwiderte er. Wir kamen zu einem blauseidenen, mit Rosen überdeckten Zelt. Darin war ein Stuhl, von zwei geschnitzten Elefanten getragen, und davor lag ein Löwenfell. Der König führte uns weiter auf einem schmalen Pfad zum See, worin sich ein künstlicher Mond spiegelte, Blumen und Wasserpflanzen magisch beleuchtend. An einen Baum war ein Boot gebunden, wie es die Troubadours in alten Zeiten benützten. Wir kamen dann zu einer indischen Hütte. Fächer und Waffen dieses Landes hingen von der Decke hernieder. Mechanisch blieb ich stehen, bis der König wieder zum Weitergehen mahnte. Plötzlich glaubte ich mich in die Alhambra verzaubert. Ein kleines maurisches Zimmer mit einem Brunnen in der Mitte, von Blumen umgeben, versetzte mich in meine Heimat. An den Wänden zwei prächtige Divane. In einem anschließenden, runden Pavillon hinter einem maurischen Bogen war das Abendessen angerichtet. Der König wies mir den Mittelplatz an und klingelte leise mit einer Tischglocke. Wie aus der Versenkung erschien ein Lakai, sich tief verneigend. Der Mann war nur beim Auf- und Abtragen der Speisen zu sehen und wenn ihn der König rief. Von meinem Platz aus sah ich durch den Bogen hindurch herrliche Pflanzen im Schein verschiedenfarbiger Lichter, während unsichtbare Chöre leise sangen. Plötzlich war ein Regenbogen zu sehen. »Mein Gott«, rief ich unwillkürlich aus, »das ist doch ein Traum! ...«

BILD ÜBERNÄCHSTE SEITE:
PRINZ OTTO, ETWA 10JÄHRIG,
IN UNIFORM. TASSE AUS DER
SAMMLUNG SEINER MUTTER,
KÖNIGIN MARIE VON BAYERN,
FÜR SCHLOSS
HOHENSCHWANGAU

König Max II.
in »Wärmekisten« und
Terrinen geschaut

Speisekarten aus der Sammlung des Prinzen Otto,
zusammengestellt, kommentiert und illustriert von Katja Lau

MENU

Berg le 12 Octobre 1860

Diner

de Sa Majesté la Reine.

Hölzlmeyer. Crême de riz à la Reine
Boeuf braisé à la purée de pommes de terre
Haricots verts à la langue fumée
Dindon rôti
Arzfelzfrauenkuchen
Flan aux abricots.

*REISCREMESUPPE AUF KÖNIGLICHE ART
RINDERSCHMORBRATEN MIT KARTOFFELPÜREE
GRÜNE BOHNEN MIT GERÄUCHERTER ZUNGE
GEBRATENER TRUTHAHN
PFANNKUCHEN à la AEZFELZ
APRIKOSENFLAN*

AM 12.10.1842 FAND IN DER
ALLERHEILIGEN HOFKIRCHE ZU
MÜNCHEN DIE VERMÄHLUNG DES
BAYERISCHEN KRONPRINZEN
MAXIMILIAN MIT DER PREUSSI-
SCHEN PRINZESSIN MARIE STATT.
SIEBEN TAGE ZUVOR, AM 5. OK-
TOBER, WURDE DIE TRAUUNG PER
PROCURATIONEM IN DER KAPEL-
LE DES KGL. SCHLOSSES ZU
BERLIN DURCH DEN EVANGELI-
SCHEN BISCHOF EYLERT VOLL-
ZOGEN; STELLVERTRETER DES
BRÄUTIGAMS WAR KEIN GERIN-
GERER ALS DER SPÄTERE
KAISER WILHELM I.
DIESES EREIGNIS WURDE JEDES
JAHR IM KREISE DER ENGSTEN
FAMILIE GEFEIERT, IN HOHEN-
SCHWANGAU ODER – WIE 1860 –
IN SCHLOSS BERG AM STARN-
BERGER SEE. VON DORT WAR ES
DANN NUR NOCH EIN »KATZEN-
SPRUNG« ZUR ROSENINSEL, WAS
IM SOMMER HÄUFIG FÜR
AUSFLÜGE IN DIESES INSEL-
PARADIES INMITTEN TAUSENDER
BLÜHENDER, DUFTENDER ROSEN
GENÜTZT WURDE

53

MENU
Munic le 1 Janvier 1862.
Diner
de Sa Majesté le Roi

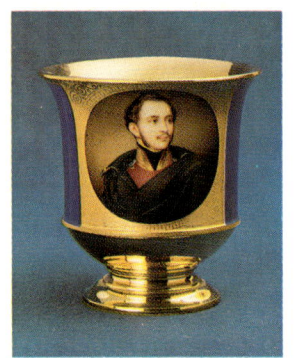

König Max II. von Bayern.
Tasse aus der Sammlung
seiner Gemahlin Marie für
Schloss Hohenschwangau

Prottenhoefer — Potage à la Reine
Saumon d'Elbe à la Hollandaise
Boeuf braisé garni de légumes
Haricots verts aux ris de veau
Dindon au riz à l'Italienne
Asperges
Terrine de foie gras
Faisans rôtis
Le Clerc — Pouding à la Royal-Soufflée au fécule de riz
Pain d'ananas à la Marechal
Compote de pommes
Schafft — Glace: crème de vanille à la Viennoise

Vins:
Madaira
Côterôtie
Johannisberger 58ᵉ
Lafitte
Champagner
Lunel

Königinsuppe
Lachs von der Elbe auf
holländische Art
Rinderschmorbraten mit
Gemüse garniert
Grüne Bohnen mit
paniertem Kalbsbries
Pute mit Reis auf
italienische Art
Spargel
Gänseleberterrine
Gebratene Fasane
Pudding nach
königlicher Art
Pain von Ananas nach
Marschallart
Apfelkompott
Vanille-Eiscreme auf
Wiener Art

Ernst von Destouches, Münchner Stadtchronik:

Mittwoch, 1. Jänner 1862

Am heutigen Neujahrstage unterblieb die sonst übliche Neu-jahrscour an unserem Hofe, da das Befinden Seiner Majestät des Königs leider in neuerer Zeit weniger befriedigend sich gestaltet hat und der Gebrauch der Seebäder von Scheweningen keines-wegs eine günstige Nachwirkung zum Erfolge hatte.

Ihre Majestäten der König und die Königin, umgeben von den Herren und Damen des großen Dienstes, nahmen Mittags 12 Uhr die Neujahrs-Glückwünsche der Prinzen und Prinzessinnen des Kgl. Hauses entgegen.

Seine Majestät geruhten auch diesmal zum Neujahre an in München Domizilirende Orden zu verleihen ...

4 Uhr Familientafel im Bürgerzimmer zu 15 Gedecken

Souper zu 7 Gedecken

MENU

Bartholomä", le 25. Août 1862.

Dîner

de Sa Majesté le Roi.

Gäßler

Crème de volaille à la Cardinal

Schwarzreuter

Saiblinge frits

Saiblinge au bleu

Boeuf braisé à la jardinière

Petits pois aux grénadins de veau

Suprème de volaille aux truffes

Filets de chamois rôtis

Pouding de Cabinet

Crème plombière panachée

Vins: {
Madeira
Geisenheimer 1842.
La Rose
Champagner
}

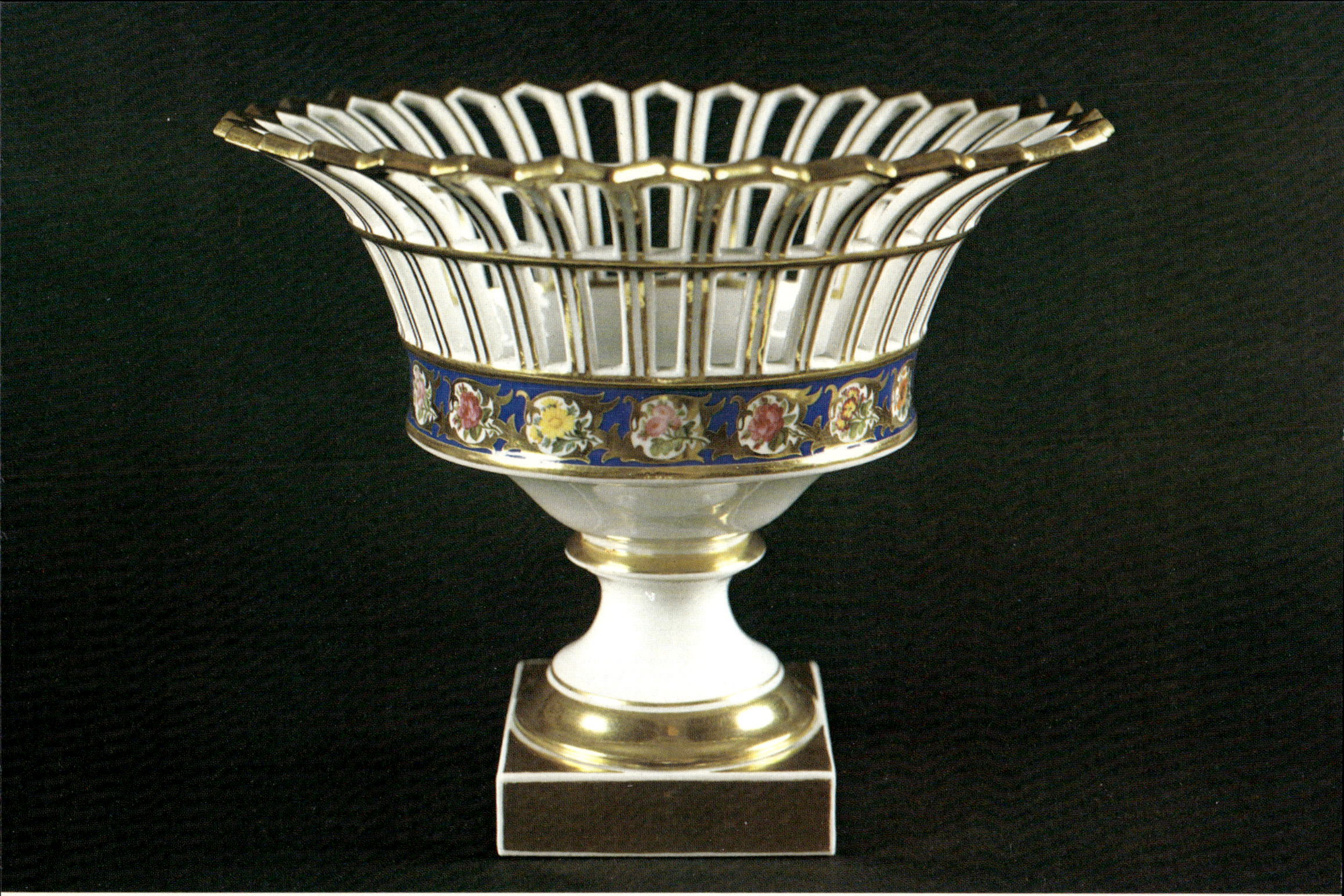

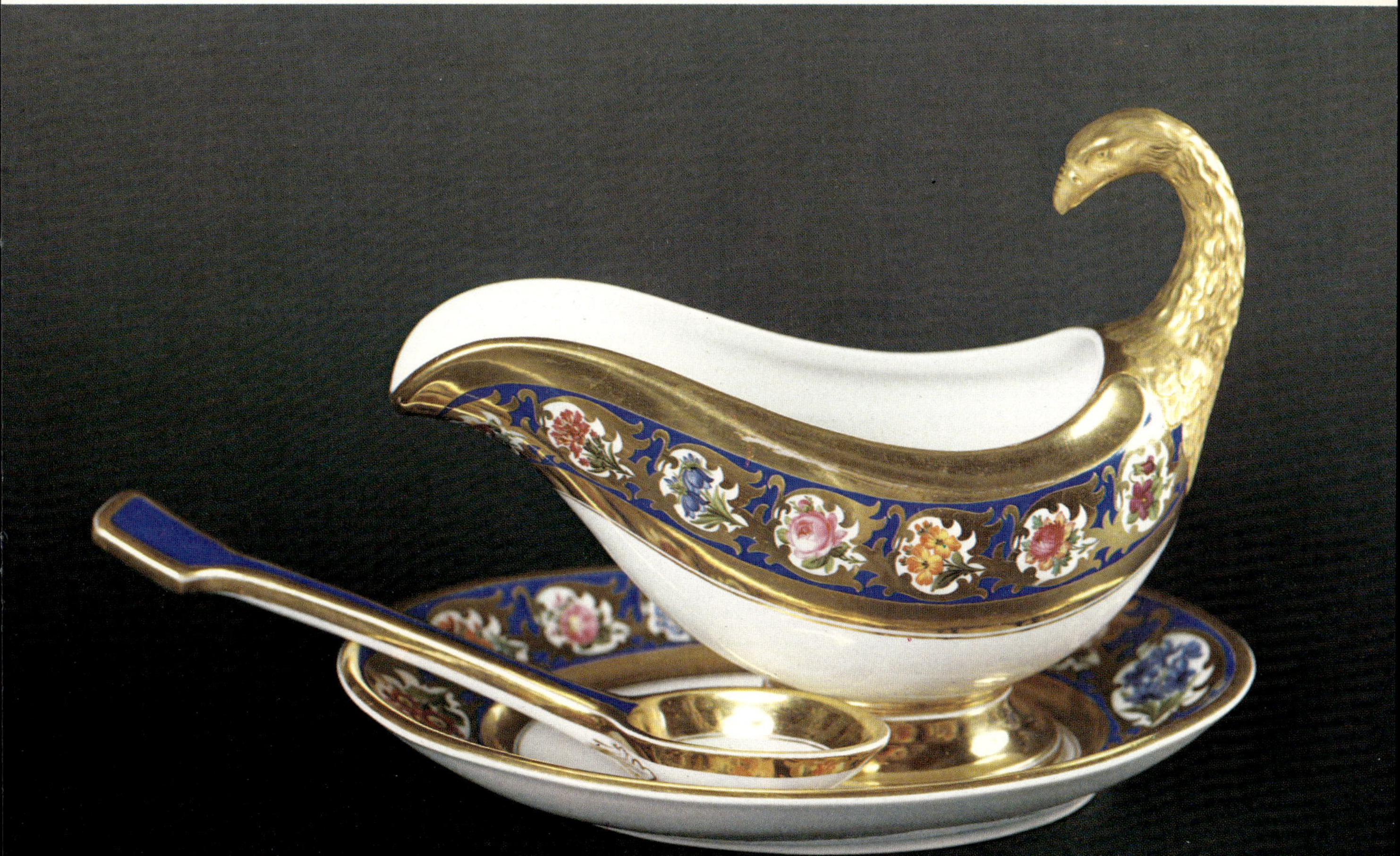

12.

Lieber Herr von Leonrod!

[handwritten letter text]

LIEBE FRAU VON LEONROD!
MEINEN INNIGSTEN DANK FÜR
DEINE GLÜCKWÜNSCHE ZU DEM
HUBERTUSORDEN. –
ICH BESITZE IHN NUN SCHON IN
3 GESTALTEN. 1) IN BRILLANTEN
MIT DEM GROSSEN BAND 2) KLEIN
MIT EINER KLEINEN KETTE 3.) WIE
MAN IHN GEWÖHNLICH TRÄGT,
DIESER IST ABER NUR VON BOR-
TEN, SPÄTER BEKOMME ICH IHN
WAHRSCHEINLICH NOCH VON
SILBER. –
... NUN LEBE WOHL, LIEBE
FRAU VON LEONROD UND
VERGISS NICHT
DEINEN
TREUEN UND DANKBAREN
LUDWIG
BERCHTESGADEN DEN
6. SEPT. 1862
3/4 AUF 4 UHR

ZUM BILD LINKS:
LUDWIG II. IM GROSSMEISTER-
ORNAT DES BAYER. HAUSRITTER-
ORDENS VOM HL. HUBERTUS,
GEMÄLDE VON FRANZ LENBACH
AUS DEM JAHRE 1875.
LUDWIG BEKAM DEN HUBERTUS-
ORDEN IN BRILLANTEN 1862 VON
DEN ELTERN ZUM GEBURTSTAG
IN BERCHTESGADEN ÜBERREICHT,
WIE ER SEINER EHEMALIGEN ER-
ZIEHERIN, BARONIN LEONROD,
GEB. MEILHAUS, IN EINEM BRIEF
VOM 29. AUGUST 1862
SELBST ERZÄHLT

MENU

Blockenau le 29 Juillet 1863.

Diner
de Sa Majesté la Reine.

Gaefster Crème de riz à la Royal
Omelettes au jambon
Boeuf braisé à la purée de pommes de terre
Haricots verts au noix de veau
Poulets rôtis
Schmarrn mit Aprikosencompot

SCHWEIZERHAUS IN DER BLÖCKENAU BEI HOHENSCHWANGAU

*REISCREMESUPPE AUF KÖNIGLICHE ART
OMELETTES MIT SCHINKEN
RINDERSCHMORBRATEN MIT KARTOFFELPÜREE
GRÜNE BOHNEN MIT GEBRATENER KALBSNUSS
GEGRILLTE HÄHNCHEN
SCHMARRN MIT APRIKOSENKOMPOTT*

60

Hohenschwangauer Schloßchronik

29. Juli 1863

Morgens acht Uhr begaben Sich Ihre Majestät die Königin mit Allerhöchst Dero Frau Obersthofmeisterin Gräfin von der Mühle und der Hofdame Freyin von Redwitz zu Wagen, Ihre Königlichen Hoheiten der Kronprinz Ludwig und Prinz Otto in Begleichtung des Herrn Oberst Grafen von La Rosée und Herrn Artillerie Hauptmann Orff, sämtliche zu Pferde, in die Blöcke- nau, machten von da eine Fußparthie in den niedern Straußberg, wo Alpenrosen gepflückt wurden. Von da aus erstiegen die Allerhöchsten Herrschaften die Gabel, woselbst das Frühstück eingenommen und nach einem einstündigen Aufenthalte der Rückweg angetreten wurde. Um sechs Uhr trafen die Allerhöch- sten Herrschaften ganz wohl erhalten im Schwaigenhause in der Blöckenau ein, dinirten daselbst und kamen zu Wagen Abends acht einhalb Uhr in das Schloß wieder zurück . . .

JAGDTAFEL AM HOHENSTRAUSSBERG

Der Niedere und Hohestraußberg waren ein beliebtes Aus- flugsziel des Hofes von Hohenschwangau aus. Philipp Foltz hat eine Jagdtafel dort im Bild festgehalten; am unteren Rand zum Teil unleserlich eingeritzt die Namen der in der vorderen Reihe Dargestellten, u.a.: Frhr. von Gumppenberg, Revierför- ster Stiefler, Maler Foltz, Forstmeister Thoma, Kellermeister Tambosi.

MENU
Hohenschwangau le 14 Août 1863

Diner
du Prince Royal

Hölzlmeier | Coulis de pigeons
Harengs aux pommes de terre
Boeuf braisé au choux farçi
Chicoréé aux escaloppes
Chapon rôti
Flan aux abricots

Schell | Glace à l'orange

Vins: { Forster 46ᵉ
St Julien

Hohenschwangauer Schloßchronik

12. August 1863

Nachmittags zwei Uhr begaben Sich Ihre Majestät die Königin in Begleitung der Hofdame Freyin von Redwitz und des Herrn Obersten Grafen von La Rosée von hier über Augsburg nach Nymphenburg, woselbst Ihre Majestät Abends neun Uhr glücklich eintrafen.

15. August 1863

Nachmittags zwei Uhr reisten auch Ihre Königlichen Hoheiten der Kronprinz Ludwig und Prinz Otto mit Ihrem Begleiter Herrn Hauptmann Orff dahier ab, um mit Ihrer Majestät der Königin Seine Majestät den König von Preußen zu empfangen, Allerhöchstwelcher auf der Heimreise von einem Bade nach München kam.

SOG. PRINZENBAU IN HOHENSCHWANGAU, IN DEM SICH NEBEN DEN APPARTEMENTS DER PRINZEN LUDWIG UND OTTO AUCH DIE SCHLOSSKÜCHE BEFAND, AQUARELL VON LORENZO QUAGLIO, 1859

In der Zeit vom 12. bis 15. August 1863 befanden sich also die Prinzen Ludwig und Otto allein im kgl. Hoflager in Hohenschwangau, und da der Kronprinz damit der ranghöchste Anwesende war, lautet das Menu auf seinen Namen.

MENU

Munic le 16ᵉ Août 1863

Diner

De Sa Majesté La Reine.

Le Clerc.

Potage à la Reine
Petits timballes à la Parisiènne
Saumon du Rhin à la hollandaise
Boeuf braisé à la jardinière
Haricots verts aux côtelettes de pigeons
Suprême de poulets à la Godard
Sorbet à l'ananas
Filet de chevreuil rôti

Rottenhöfer.

Pouding à la Neſselrode
Pain de fruits à la Royale

Schafft.

Glace: abricots, groseilles

Vins:

Madeira
Château Yquem
Johannisberger 58ᵉ
Château Lafitte
Champagner
Cap Constantia

KÖNIGINSUPPE
TIMBALES AUF PARISER ART
LACHS VOM RHEIN AUF
HOLLÄNDISCHE ART
RINDERSCHMORBRATEN MIT
GEMÜSE GARNIERT
GRÜNE BOHNEN MIT
KOTELETTS
VON JUNGEN TAUBEN
GEFLÜGEL-SUPREME
NACH GODARD
ANANAS-SORBET
GEBRATENES REHFILET
PUDDING à la NESSELRODE
PAIN VON FRÜCHTEN AUF
KÖNGILICHE ART
EISCREME VON APRIKOSEN
UND ROTEN JOHANNISBEEREN

65

MENU

Munic le 17 Août 1863

Déjeuner
Diner

de Sa Majesté la Reine.

Le Chev | Tapioca
Carottes aux ris de veau
Poulets rôtis
Omelettes soufflées.

*ENTWÜRFE ZUM SPEISEZIMMER
IM KÖNIGSBAU DER MÜNCHNER
RESIDENZ VON LEO V. KLENZE*

*TAPIOKASUPPE
KAROTTEN MIT PANIERTEM
KALBSBRIES
GEGRILLTE HÄHNCHEN
OMELETTEN-AUFLAUF*

Journal der Kgl. Tafeln 1853–1863

16. August 1863

- *Diner im Bürgerzimmer* (der Münchner Residenz) *zu 6 Couverts: Ihre Majestät die Königin, Seine Majestät der König von Preußen, Ihre Königlichen Hoheiten Prinz und Prinzessin Adalbert von Preußen, die Prinzen Ludwig und Otto*
- *gleichzeitig Marschalltafel im Speißsaal* (der Münchner Residenz) *zu 14 Couverts*

17. August 1863

- *Déjeuner im Cabinet Ihrer Majestät der Königin zu 6 Couverts: Seine Majestät der König von Preußen, Ihre Königlichen Hoheiten Prinz und Prinzessin Adalbert von Preußen, die Prinzen Ludwig und Otto*
- *gleichzeitig déjeuner der Cavaliers zu 9 Couverts im Bürgerzimmer*
- *Tafel im großen Saal in Nymphenburg zu 25 Couverts*

OTTO VON BISMARCK (1815 BIS 1898)

»... *Auch Minister Bismarck befand sich in des Königs Gefolge«,* schrieb Ludwig II. in seinem Bericht über diese Tage an den Großvater. Bismarck selbst war von seinem Tischnachbar ebenfalls sehr beeindruckt, wie er seinen »Gedanken und Erinnerungen« anvertraute.

Zum Bild rechts: Schloss Nymphenburg, in dessen Steinernem Saal am 17.8.1863 jene Tafel zu 25 Couverts stattfand, die Otto von Bismarck in seinen »Gedanken und Erinnerungen« als denkwürdige erste und einzige Begegnung mit Ludwig II. beschrieb. Teller aus dem sog. Perlenservice der Nymphenburger Porzellan Manufaktur, dessen schönste Teile in der Porzellankammer des Münchner Residenzmuseums zu bewundern sind, das es aber neu auch heute noch bei der Manufaktur in Nymphenburg gibt

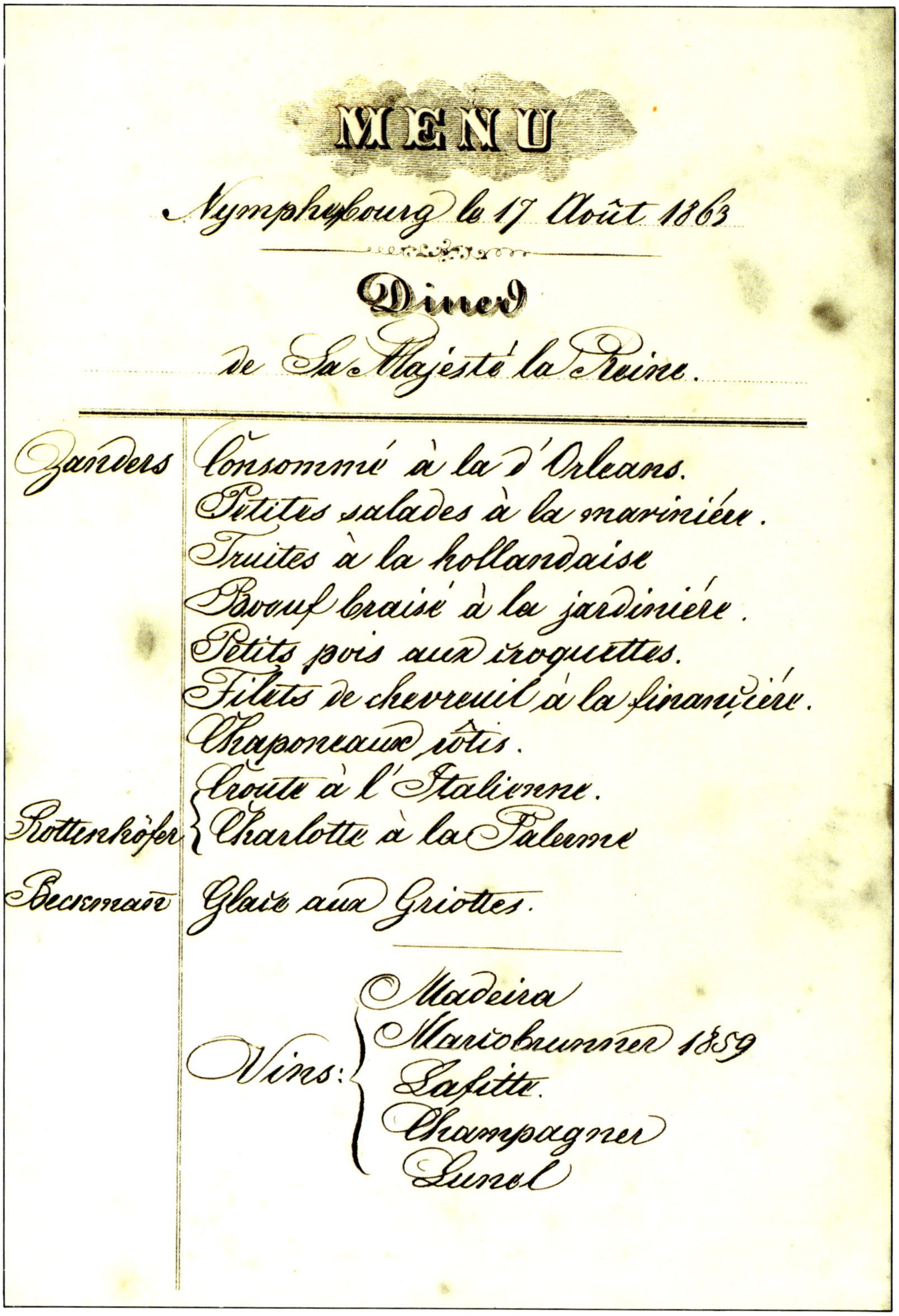

MENU

Nymphenbourg le 17 Août 1863

Diner

de Sa Majesté la Reine.

Zanders	Consommé à la d'Orleans.
	Petites salades à la marinière.
	Truites à la hollandaise
	Boeuf braisé à la jardinière.
	Petits pois aux croquettes.
	Filets de chevreuil à la financière.
	Chaponeaux rôtis.
Rottenhöfer	Croute à l'Italienne.
	Charlotte à la Paleme
Beckmann	Glace aux Griottes.
Vins:	Madeira
	Marcobrunner 1859
	Lafitte.
	Champagner
	Lunel

Kraftbrühe Orléans
Gemischter Salatteller
Forellen mit holländischer Sosse
Rinderschmorbraten mit Gemüse garniert
Grüne Erbsen mit Kartoffelkroketten
Rehfilets auf Finanzmannart
Gebratene junge Kapaune
Krustaden auf italienische Art
Charlotte à la Palermo
Eis mit Sauerkirschen

ZUM BILD RECHTS:
SCHWEIZERHAUS IN DER
BLÖCKENAU NAHE HOHEN-
SCHWANGAU, DAS MAX II. FÜR
SEINE GEMAHLIN NACH DEM
VORBILD DES SCHWEIZERHAUSES
IM HEIMATLICHEN FISCHBACH
HAT ERRICHTEN LASSEN. HIER
SPIELTE DIE KÖNIGIN GERN GAST-
GEBERIN, SERVIERTE EIGENHÄN-
DIG KAFFEE UND KUCHEN, UND
SO GAB ES KAUM EINEN BESUCHER
AUF HOHENSCHWANGAU, DER
NICHT AUCH DIE BLÖCKENAU
KENNENGELERNT HÄTTE.

FRÜHLINGSSUPPE MIT
GEFLÜGELKLÖSSCHEN
BLÄTTERTEIGPASTETEN
MONGLAS
HECHT IM BACKOFEN GEGART
RINDERSCHMORBRATEN MIT
GEMÜSE GARNIERT
GRÜNE ERBSEN MIT
LAMMKOTELETTS
GEFLÜGEL-SUPRÈME MIT
TRÜFFELN
GEBRATENE JUNGE
REBHÜHNER
CHARLOTTE à la PALERMO
NOUGATCREME MIT
MANDELN VERZIERT
EISCREME VON PFIRSICHEN
UND ROTEN JOHANNISBEEREN

MENU

Hohenschwangau le 25 Août 1863.

Dîner

de Sa Majesté la Reine

Gaefsler — Printanière aux quenelles de volaille

Petits vol-au-vent à la Montglas

Brochet au four

Bœuf braisé à la jardinière

Haricots verts aux côtelettes d'agneau

Suprême de poulardes aux truffes

Perdreaux rôtis

Hölzlmeia — Charlotte à la Palerme

Nougat d'amandes decoré

Scholl — Glace aux pêches et groseilles

Vins:
{
Madeira
Forster 57r
Lafitte
Champagner
Ximenes
}

Hohenschwangauer Schloßchronik

24./25. August 1863

Am Abend des 24. Augustes geruhten Ihre Majestät die Königin, als Vorfeier des 18. Geburts- und Namensfestes Seiner Königlichen Hoheit des Kronprinzen, im Schloßhofe zu Hohenschwangau eine Serenade des Füßener Liederkranzes anzunehmen: Während rings auf den Bergen mächtige Feuer loderten und unzählige Böllerschüsse freudig die Stille des Abends belebten, bewegten sich die Sänger vom Gasthause der Alpenrose dahier... in stattlichem Zuge zu dem königlichen Schloßhofe wo Ihre Majestät die Königin mit den Königlichen Prinzen und den Damen Ihres allerhöchsten Dienstes ... mit der sichtlichsten Theilnahme den Gesangsvorträgen folgten ...

Nachts zehn Uhr langte eine Deputation der Haupt- und Residenzstadt München, bestehend aus Herrn Bürgermeister von Steinsdorf, drei Magistratsräthen und drei Gemeindebevollmächtigten dahier ein, um Seiner Königlichen Hoheit dem Kronprinzen Ludwig zum 18. Geburtsfeste die Huldigung und Glückwünsche der dortigen Bürgerschaft in allertiefster Ehrerbietung darzubringen.

Am folgenden Tage... Mittags waren die sämtlichen Herren zur Tafel geladen ...

Selbst die Bewohner des Alpsees schienen diesem Tage zu huldigen, indem in frühester Morgenstunde ein großer neun Pfund wiegender Hecht von Seiner Königlichen Hoheit gefangen wurde.

Nach der Tafel, Nachmittags vier Uhr, begaben Sich die Allerhöchsten Herrschaften mit hohen Gefolge in das Schweizerhaus in die Blöckenau um auch dort den Abend dieses ereignißvollen Tages in ländlicher Abgeschiedenheit zu feiern ...

SCHLOSS HOHENSCHWANGAU,
BLEISTIFTZEICHNUNG
LUDWIG II., 1858,
AUSSCHNITT

ZUM BILD RECHTS:
KGL. VILLA IN BERCHTESGADEN,
VON MAX II. FÜR SEINE ALLJÄHR-
LICHEN AUSGEDEHNTEN LAND-
AUFENTHALTE IN DER WILD-
REICHEN GEGEND AM KÖNIGSEE
ERBAUT. TASSE AUS DER SAMM-
LUNG DER KÖNIGIN MARIE FÜR
SCHLOSS HOHENSCHWANGAU

MENU

Berchtesgaden, le 20. Septembre 1863

Diner
de Sa Majesté le Roi

Zanders

Potage à la Reine
Ecrévisses en serviette
Boeuf braisé aux légumes
Petits pois aux croquettes
Salmi de canards sauvages aux olives
Chaponneaux rôtis
Pouding à la Suédoise
Tourte au punch

Beckman Glace : à l'ananas

Vins :
Madeira
Marhobrunner 1859*
Margaux
Champagner
Muscat

KÖNIGINSUPPE
GESOTTENE KREBSE
RINDERSCHMORBRATEN
MIT GEMÜSE
GRÜNE ERBSEN MIT
KARTOFFELKROKETTEN
WILDENTENRAGOUT
MIT OLIVEN
GEBRATENE JUNGE KAPAUNE
SCHWEDISCHER PUDDING
PUNSCHTORTE
ANANASEIS

ICH SCHWÖRE TREUE DEM KÖNIG GEHORSAM DEM GESETZE UND BEOBACHTUNG DER VERFASSUNG; SO WAHR MIR GOTT HELFE UND SEIN HEILIGES EVANGELIUM.

*BERCHTESGADEN DEN 20TEN SEPTEMBER 1863
LUDWIG
KRONPRINZ VON BAYERN*

HANDSCHRIFTLICHER VERFAS-SUNGS-EID LUDWIG II. ANLÄSS-LICH SEINER VOLLJÄHRIGKEIT 1863

MENU

Hohenschwangau, le 12. Octobre 1863

Diner
de Sa Majesté la Reine.

Gäßler | Consommé au Monaco
Atelets de foie de veau
Boeuf braisé aux choux-fleurs
Haricots verts aux filets de pigeons
Grénadins de gibier à la financière
Chaponneaux rôtis
Pouding au Cabinet
Riz à la Trautmansdorf
Schell | GLACE : au caramel

Vins : { Madeira
Deidesheimer 1834 ͬ
Margaux
Champagner
Ximenes

Hohenschwangauer Schloßchronik

12. Oktober 1863

... Ihre Majestät die Königin begaben Sich mit Seiner Königlichen Hoheit dem Prinzen Adalbert von Preußen, Ihren Königlichen Hoheiten dem Kronprinzen und Prinzen Otto nebst hohem Gefolge nach der Tafel nach Trauchgau, um dort die Feier der goldenen Hochzeit eines Wegmachers durch Allerhöchstderen Gegenwart zu verherrlichen. Groß war der Jubel dieser Leute über das ihnen zu Theil gewordene Glück und mehrere Stunden verweilten die höchsten Herrschaften im Saale des Wirtshauses unter der frohen Menge. Ihre Königlichen Hoheiten die Prinzen betheiligten Sich sogar an den Ehrentänzen und die guten Leute, reich beschenkt durch die Großmuth wie beglückt durch die Huld und Herablassung Ihrer Majestät der Königin, werden wohl ihr Leben lang die Erinnerung an diesen Tag dankbar erhalten ...

Der 12. Oktober war auch der Hochzeitstag der Königin; da sich Max II. jedoch aus Gesundheitsgründen in Rom aufhielt, war es für sie wohl die heiterste Art, dieses Tags vor einundzwanzig Jahren im Kreise eines fröhlichen Goldenen Hochzeitspaares zu gedenken.

SOG. WÄRMEKISTE, WIE SIE HEUTE NOCH IN HOHENSCHWANGAU AUFBEWAHRT WIRD

MENU

Hohenschwangau le 12 Octobre 1863.

Souper
de Sa Majesté la Reine.

Gaeßler

Crème d'orge veloutée
Chicorée aux poulets frits
Veau rôti
Jambon et boeuf
Pflaumenkuchen
Compote de prunes

MENU

Hohenschwangau, le 19. Octobre 1863.

Diner
de Sa Majesté la Reine

Gäßler
- Consommé aux quenelles de jambon
- Chaud froid de perdreaux
- Boeuf braisé aux légumes
- Choux de Milan aux côtelettes de porc
- Poulets au riz
- Chamois rôti
- Pouding au chocolat
- Flan aux prunes

Schell
- Glace: aux fraises

Vins: {
Madeira
Steinberger 1822.
Margaux
Muscat
}

*KRONPRINZ LUDWIG MIT
8½ PFÜNDIGEM HECHT
VOR HOHENSCHWANGAU,
FOTO J. ALBERT, 1861*

*KRAFTBRÜHE MIT
SCHINKENKLÖSSCHEN
CHAUDFROID VOM REBHUHN
RINDERSCHMORBRATEN
MIT GEMÜSE
KOHL AUF MAILÄNDER ART
MIT GEBRATENEN
SCHWEINEKOTELETTS
HÄHNCHEN AUF REIS
GEBRATENE GEMSE
SCHOKOLADENPUDDING
ZWETSCHGENFLAN
ERDBEEREIS*

MENU

Hohenschwangau, le 1. Novembre 1863.

Diner

de Sa Majesté la Reine

Gäßler	Poule au riz
	Petits aspics à la Reine
	Boeuf braisé à la chipolata
	Haricots verts aux croquettes
	Fricassée de poulets
	Chevreuil rôti /: geschossen von S. k. H. Prinz Otto :/
	Charlotte de pommes
	Bombe à la Viennoise
Schell	Glace : aux épines. vinettes

Vins : { Madeira
Forster 1846ᵉ
Margaux
Champagner
Malaga

LUDWIG UND OTTO VOR HOHEN-
SCHWANGAU, OTTO MIT
GEWEHR, FOTO J. ALBERT,
UM 1860

HÜHNERSUPPE MIT REIS
SÜLZCHEN AUF
KÖNIGLICHE ART
RINDERSCHMORBRATEN
à la CHIPOLATA
GRÜNE BOHNEN MIT
KARTOFFELKROKETTEN
HÜHNERFRIKASSEE
REHBRATEN
APFEL-CHARLOTTE
EISBOMBE AUF WIENER ART
BERBERITZENEISCREME

Hohenschwangauer Schloßchronik

14. Oktober 1863

Morgens acht einhalb Uhr begaben Sich Ihre Königlichen Hoheiten der Kronprinz Ludwig, Prinz Otto von Baiern und Prinz Adalbert von Preußen in Begleitung der Herren Cavaliere Grafen La Rosée, Artillerie Hauptmann Orff und Lieutenant von St. Paul zu Abhaltung einer Gemsenjagd in die sogenannte Gumpe, in welchem Jagdbogen 10 Gemsen geschossen wurden.

Seine Königliche Hoheit der Kronprinz erlegte hievon drei, Prinz Otto eine und Prinz Adalbert zwei Gemsen . . .

Fünf Tage später bereichert eine dieser Gemsen – möglicherweise von Ludwig II. erlegt – die kgl. Tafel; beim Rehbraten vom 1. November desselben Jahres wissen wir dank Extravermerks auf der Speisekarte, daß hier der glückliche Schütze Prinz Otto war.

Damit wäre wohl hinlänglich bewiesen, daß Ludwig II entgegen aller gegenteiliger Behauptungen – wenngleich nur in jungen Jahren – jagte, was übrigens auch schon ein Brief an den Großvater vom 21. August 1858 aus Berchtesgaden besagt:

». . .Hier unterhalten wir uns sehr gut, indem wir viel spazieren gehen und zuweilen Vögel – besonders Neuntödter – schießen . . .«

Im Besitz des königlichen Hauses befindet sich noch heute die Kinder-Armbrust Ludwigs, und im Armeemuseum in Ingolstadt kann man eines seiner Jagdgewehre besichtigen.

MENU

Hohenschwangau, le 25. Août 1864.

Diner
de Sa Majesté le Roi.

Rottenhöfer

Consommé de volaille à la Princesse

Petits vol. au vent à la Monglas

Bœuf braisé aux legumes

Petits pois aux croquettes

Suprême de volaille à l'ecarlate

Faisandeaux rôtis

Zanders

Petits poudings aux abricots

Gateau à la Chantilly aux fruits

Bechmann

Glace: à l'ananas et fraises

Vins: Madeira
Geisenheimer 1842.
Chateau Margaux
Champagner
Muscat

Hohenschwangauer Schloßchronik

24. August 1864

… *Am Vorabend des hohen Geburts- und Namensfestes Seiner Majestät des Königs waren die Wohnungen Hohenschwangaus geschmackvoll beleuchtet; rings auf den Bergen loderten mächtige Feuer und unzählige Böllerschüsse unterbrachen die Stille des Abends.*

25. August 1864

Morgens neun Uhr wohnten die Königlichen Majestäten einer feierlichen Messe in der Schloßkapelle an. Nachmittags um vier Uhr begaben Sich Allerhöchsdieselben mit hohem Gefolge in das Schweizerhaus in die Blöckenau, um dort den Abend in ländlicher Abgeschiedenheit zu feiern.

*SCHWAN
BLEISTIFTZEICHNUNG
LUDWIG II., 1861*

… Dabei hatte sich Richard Wagner den Tag ganz anders vorgestellt: zusammen mit achzig Militärmusikern unter der Leitung von Generalmusikmeister Streck, war er am 24. August »bei abscheulichem Wetter« angereist, um dem König seinen zu dessen 19. Geburtstag komponierten »Huldigungsmarsch« zu präsentieren, was sich dann jedoch erst am 5. Oktober 1864 im Hof der Münchner Residenz verwirklichen ließ.

*BILD RECHTS:
RICHARD WAGNER MIT DER
BÜSTE LUDWIG II. VON CASPAR
VON ZUMBUSCH IM HINTER-
GRUND. GEMÄLDE VON FRIED-
RICH PECHT, 1864/65 IM AUF-
TRAG DES KOMPONISTEN ALS
GESCHENK FÜR DEN
KÖNIG ENTSTANDEN*

MENU

Hohenschwangau le 27. Aoûl 1861

Souper
de Sa Majesté le Roi.

Rottenhöfer Crême d'orge veloutée

Truites à la Hollandaise

Choux fleurs aux filets de veau

Chaponneaux rôtis

Pâté de lièvre froid

Crême aux framboises à la Chantilly

Compote d'abricots

SILBER-SAUCIERE, 1807,
MÜNCHNER RESIDENZMUSEUM

GEBUNDENE GERSTEN-
CREMESUPPE
FORELLE AUF HOLL. ART
BLUMENKOHL MIT KALBSFILETS
JUNGER KAPAUN, GEBRATEN
KALTE HASENPASTETE
HIMBEERCREME MIT
SCHLAGSAHNE
APRIKOSENKOMPOTT

Hohenschwangauer Schloßchronik

KÖNIG WILHELM I. VON PREUSSEN (1797–1888), 1871 DEUTSCHER KAISER

27. August 1864

Abends sechs Uhr kamen Seine Majestät der König von Preußen von Wien über München und Augsburg kommend im Schlosse Hohenschwangau an.

Im Gefolge Seiner Majestät befanden sich: Herr von Alvensleben, Generaladjutant und Generallieutenant, Graf von Kanitz, Flügeladjutant, und der k. Leibarzt, Geheimrath von Lauer.

28. August 1864

Morgens zehn Uhr zeigten Ihre Majestäten Seiner Majetät dem Könige von Preußen sämtliche Appartements und Sehenswürdigkeiten des Schlosses und machten dann zu Wagen mit hohem Gefolge einen Ausflug in das Schweizerhaus, déneunirten daselbst und trafen Nachmittags zwei Uhr wieder im Schlosse ein, wo um drei Uhr die Tafel stattfand. An demselben Tage und fünf einhalb Uhr reisten Seine Majestät der König von Preußen mit hohem Gefolge, bis Weissensee begleitet von den Königlichen Majestäten, nach Kempten ab.

Besuch König Wilhelm I. von Preussen in Hohenschwangau im August 1864/65. Vor dem Hintergrund der Schlosstreppe mit dem Kgl. Hostaat im vierspännigen Wagen neben dem Gast Königin-Mutter Marie, beiden gegenüber Ludwig II., dahinter stehend Prinz Otto. J. Watter könnte mit seiner Zeichnung gut die Spazierfahrt der hohen Herrschaften in die Blöckenau festgehalten haben, wie sie die Schlosschronik von Hohenschwangau erzählt

MENU

Hohenschwangau, le 28. Août 1864.

Dîner

de Sa Majesté le Roi.

Zanders
- Consommé à la d'Orléans
- Croquettes à la Buonaparte
- Saumon de l'Elbe à la Hollandaise
- Bœuf braisé à la jardinière
- Petits pois aux boudins à la Richelieu
- Chaponneaux à la financière
- Faisandeaux et perdreaux à la broche

Rottenhöfer
- Omelettes aux pêches à la Comtesse
- Pain pomaré
- Tourte à la Bruxelles

Beckmann
- Glaces: ananas et framboises

Vins:
- Madeira
- Forster 1861?
- Château Lafitte
- Champagner
- Malaga

PRINZ OTTO

KRAFTBRÜHE MIT KALB-
FLEISCHKLÖSSCHEN
RINDERSCHMORBRATEN MIT
KARTOFFELN
ROSENKOHL UND MARONEN
MIT HAMMELKOTELETTS
GEBRATENE REBHÜHNER
GENUESER TORTE

* * *

GEBUNDENE GRIESSUPPE
GEBRATENES KALBFLEISCH
UND GEKOCHTER SCHINKEN
PFANNKUCHEN
FEINE BRATÄPFEL

MENU

De Son Altesse Royale le Prince Otto

Diner

le 3 November 1864.

Zölzmaier

" Consommé aux quenelles de veau
" Boeuf braisé aux pommes de terre
" Choux de Bruxelles et marrons
" aux côtelettes de mouton
" Perdrix rôtis
" Tourte à la genoise.

Souper

" Semoule liée
" veau et jambon
" Pfannkuchen
" Pommes au four

Kattenhöfer
Maître d'hôtel

94

MENU

Munic le 26. Février 1865.

DINER

de Sa Majesté la Reine mère.

Egetemayer	„ Potage à la Sevigne.	Dry madère.
	„ à la fausse tortue.	
Hölzlmayer	„ Salade à la Constantin.	Chablis.
Egetemayer	„ Saumon du Rhin, garnie d'une Orly.	
	„ Filets de boeuf à la Chipolata.	Bordeaux Lafitte.
	„ Petits pois aux cotelettes de pigeons.	Steinberger Cabinet
	„ Grenadins de chevreuil à la Pahlen.	
Hölzlmayer	„ L'angoustes à la sauce remoulade.	
Zanders.	„ **Sorbet à l'annanas au vin de champagne.**	
Egetemayer	„ Faisans de Bohème. . . . . . } pour rôts.	Veuve Cliquot.
	„ Chapons de Ratisbonne truffes. }	
Egetemayer	„ Asperges en branches.	
Hölzlmayer	„ Poudings à la maréchale.	Château
	„ Cornes d'abondances à la moderne.	d'Yquem.
	„ Tourte à l'Impératrice.	
Zanders.	„ Glaces, vanille à l'eau et au caramel.	Muscat Lunel. Liqueures. Vanille. Anisette.
	Rottenhöfer.	

95

1865, EIN JAHR NACH REGIE-
RUNGSANTRITT LUDWIG II.,
ÄNDERN DIE MENUE-KARTEN DER
KGL. FAMILIENTAFELN IHR
GESICHT: DIE DER KÖNIGIN-
MUTTER MARIE WERDEN EINER
DAME ANGEMESSEN LOCKER-
VERSPIELT . . .

SUPPE à la SEVIGNE
FALSCHE SCHILDKRÖTEN-
SUPPE
SALAT NACH KONSANTINART
RHEINLACHS NACH ORLY-ART
RINDERFILET à la CHIPOLATA
GRÜNE ERBSEN MIT KOTE-
LETTS VON JUNGEN TAUBEN
GRENADINS VOM REH
à la PAHLEN
LANGUSTEN MIT
REMOULADENSOSSE
ANANAS-SORBET MIT
CHAMPAGNER
FASANE AUF REGENS-
BURGER ART
STANGENSPARGEL
PUDDING AUF MARSCHALLART
HIPPEN AUF MODERNE ART
KAISERIN-TORTE
VANILLE- UND KARAMEL-
EISCREME

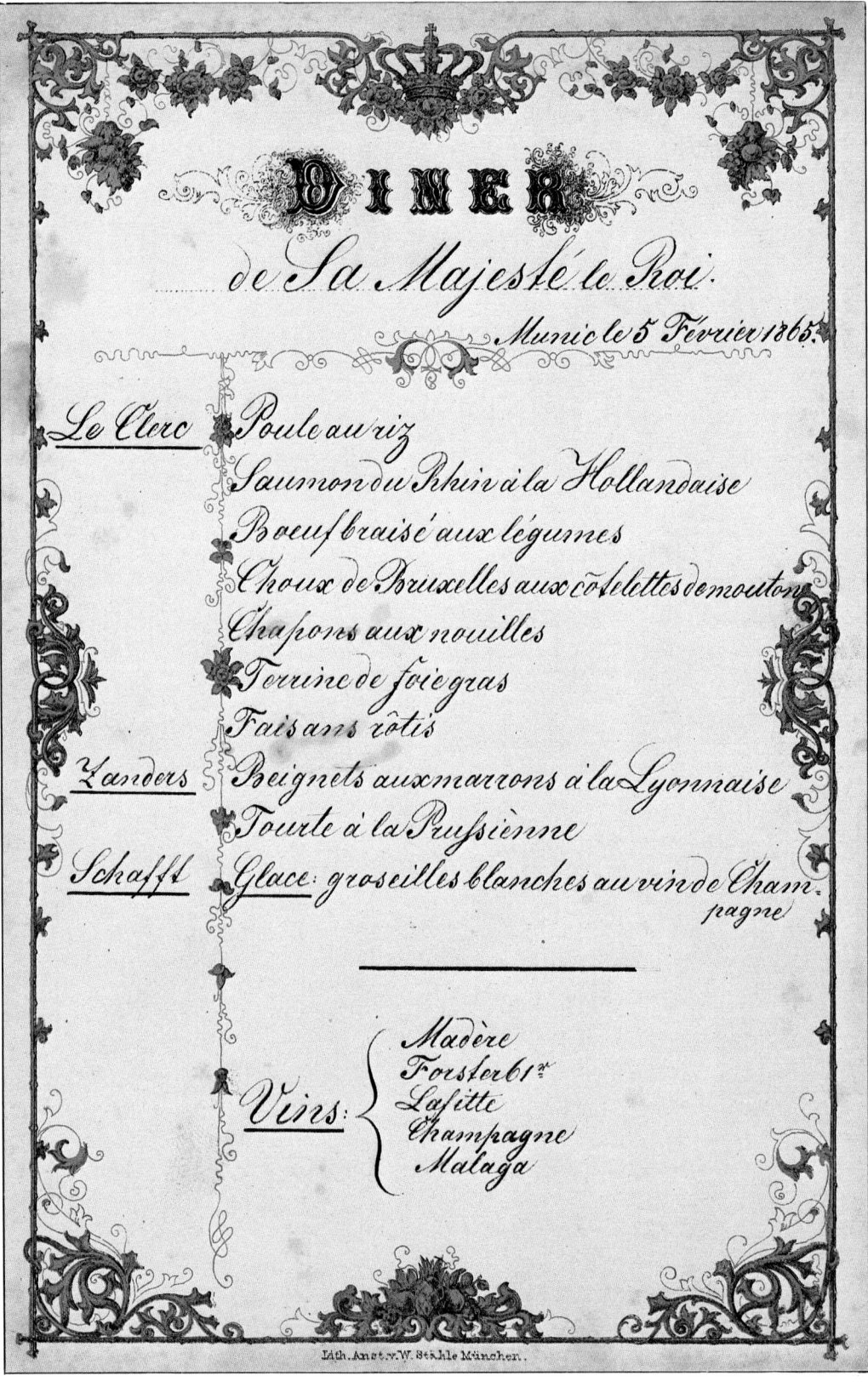

HÜHNERSUPPE MIT REIS
RHEINLACHS AUF HOLLÄNDISCHE ART
RINDERSCHMORBRATEN MIT GEMÜSE
HAMMELKOTELETTE MIT KOHL BRÜSSELER ART
KAPAUN MIT NUDELN
GÄNSELEBERPASTETE
FASANBRATEN
KASTANIEN-PFANNKUCHEN à la LYON
PREUSSISCHE TORTE
GEFRORENE WEISSE JOHANNISBEEREN IN CHAMPAGNER

Die Rezepte der königlichen Tafel

Im folgenden Rezeptteil sind von Renate Schütterle 146 Speisen zusammengestellt, die sämtlich auf den im Faksimile abgedruckten Speisekarten zu finden sind, dort allerdings in der Regel mit französischen Bezeichnungen. Wir führen, numeriert von 1 bis 146, die in Deutschland gebräuchlichsten Namen auf. Um das Angebot übersichtlich zu machen, wurden zunächst die Suppen zusammengefaßt, dann die Vorspeisen usw.

Wer seine Gäste »königlich« bewirten will, kann also entweder ein komplettes Menü genau nach den abgedruckten Speisekarten nachkochen oder eine Speisefolge aus den folgenden Rezepten selbst komponieren, je nach dem aktuellen Angebot des Lebensmittelhandels. Die beschriebenen Gerichte orientieren sich an der in den Sechziger Jahren des vorigen Jahrhunderts bei Hofe praktizierten Kochkunst unter Berücksichtigung moderner Küchentechnik. Wenn nicht anders angegeben, sind die Portionen für sechs Personen berechnet. Viel Spaß beim Kochen und Guten Appetit beim »Speisen wie ein König«!

Suppen

1. *Reiscremesuppe auf königliche Art* 12. Oktober 1860

1½ l kräftige Fleischbrühe, das Weisse von 1 Lauchstange, 150 g Langkornreis, 1 × Rezept Eierstich (siehe Gerstencremesuppe Königsart, Seite 102), ⅛ l süsse Sahne, Salz, Pfeffer, Muskat, 1 Bund Schnittlauch

Fleischbrühe zum Kochen bringen, dünne Ringe von einer Lauchstange und gewaschenen Reis zugeben und die Suppe bei milder Hitze 40 Minuten köcheln lassen. – In der Zwischenzeit den Eierstich nach den Angaben im Rezept Gerstencremesuppe Königsart zubereiten. Ist der Reis sehr weich, wird die Suppe durchpassiert und mit süßer Sahne vollendet. Danach mit Salz, Pfeffer und Muskat abgeschmeckt und heiß in eine vorgewärmte Suppenterrine gefüllt. Als Einlage den Eierstich hineingeben, Suppe mit Schnittlauchröllchen bestreut servieren.

2. *Cremesuppe mit Taubenklößchen* 14. August 1863

2 junge Tauben (küchenfertig vorbereitet), 75 g Räucherspeck, 1 Schalotte, 1 Bund Petersilie, ½ eingeweichtes Brötchen, 1–2 Eigelb, Salz, Pfeffer, 1 Prise Muskat, 1 Zwiebel, mit 2 Nelken besteckt, 1 Karotte, 1 Stück Sellerieknolle, ½ Stange Lauch, 2–3 Petersilienstiele, 50 g Butter, 1 l Fleischbrühe, ½ l trockener Rotwein, 75 g Butter, 35 g Mehl

Von den Tauben die Häute abziehen und die Brüstchen herauslösen. Speck in Würfel schneiden und in einer Pfanne auslassen. Gehackte Schalotten und die Hälfte Petersilie zugeben, alles 5 Minuten anrösten. Sodann dreht man die Taubenbrüstchen, Speck-Zwiebelmasse und das eingeweichte Brötchen durch die feine Scheibe des Fleischwolfs. Diese Farce mit Eigelb binden, mit Salz, Pfeffer und Muskat würzen und 1 Stunde kalt stellen. – In der Zwischenzeit hackt man die Taubengerippe klein und brät sie mit Zwiebel, zerkleinerter Karotte, Sellerie, Lauch und Petersilienstengel in Butter scharf an. Dann wird die Fleischbrühe und Rotwein zugegossen und das Ganze mindestens 30 Minuten kräftig ausgekocht. Diese Brühe gießt man durch ein Mulltuch, damit sie schön rein und klar wird. Butter in einer Kasserolle zerlassen, Mehl zugeben und lichtbraun andünsten. Taubenkraftbrühe zugießen und das Ganze zu einer glatten Cremesuppe rühren. Diese mit Gewürzen schmackhaft abschmecken. Nebenher von der Taubenfarce Klößchen abstechen, diese in Salzwasser 8 Minuten garziehen lassen. Klößchen in die Taubencremesuppe geben und die Suppe mit Petersilie bestreut sofort servieren.

3. *Königinsuppe* 1. Januar 1862

75 g Butter, 50 g Mehl, 1¼ l Hühnerbrühe, Salz, Pfeffer, Muskat, ⅛ l süsse Sahne, ⅛ l trockener Weisswein, 1 Eigelb, 75 g gegarte grüne Erbsen, 1 × Rezept Eierstich (siehe »Gerstencremesuppe Königsart«, Seite 102), 1 Bund Kerbel

Die Butter in einem Topf zergehen lassen, Mehl zugeben und andünsten, ohne zu bräunen. Dann mit Hühnerbrühe aufgießen und alles zu einer glatten Cremesuppe rühren. Die Hühnercremesuppe gut durchkochen lassen, mit Salz, Pfeffer und Muskat abschmecken. Sahne mit Weißwein und Eigelb verquirlen und in die heiße, nicht mehr kochende Suppe rühren.
Als Suppeneinlage gegarte Erbsen und den vorher zubereiteten Eierstich hineingeben. Mit gehacktem Kerbel bestreut wird die Suppe zu Tisch gebracht.

4. Kraftbrühe Orléans

17. August 1863

Rinderknochen gründlich waschen. Karotte, Sellerie und Lauch schälen bzw. putzen und in grobe Stücke schneiden. Ungeschälte Zwiebel vierteln. Öl in einem großen Topf erhitzen, Rinderknochen und Gemüsewürfel darin dunkelbraun anbraten. Mit Wasser auffüllen, Maggikraut, Pfefferkörner, Wacholderbeeren und Lorbeerblatt zugeben und die Brühe mindestens 1 Stunde bei mittlerer Hitze köcheln lassen. Zwischendurch immer wieder den entstehenden Schaum abschöpfen, damit die Brühe schön klar bleibt. – Nebenher die Rinderzunge, Essiggurken und das Eiweiß in kleine regelmäßige Würfel schneiden. Karotten ebenfalls würfeln und in wenig Wasser 8–10 Minuten knackig garen. – Champignonköpfe putzen, mit Zitronensaft beträufeln und in zerlassener Butter bei milder Hitze 12 Minuten dünsten. Trüffelknolle in hauchdünne Scheiben schneiden. – Danach die Kraftbrühe durch ein Haarsieb gießen, mit Wasser auf die Menge von 1½ l bringen und die Brühe mit Salz, Pfeffer und Muskat abschmecken. Die vorbereiteten Zutaten als Einlage in die Suppe geben und die klare lichtbraune Kraftbrühe mit Schnittlauch bestreut servieren.

250 g Rinderknochen, 1 Karotte, 1 Stück Sellerieknolle, ½ Stange Lauch, 1 Zwiebel, 3 EL Öl, 1½ l Wasser, 1 Zweig Maggikraut, 4 Pfefferkörner, 2 Wacholderbeeren, 1 Lorbeerblatt, 75 g gek. Rinderzunge, 2 Essiggurken, das Weisse von 2 hartgek. Eiern, 2 Karotten, 12 grosse Champignonköpfe, Saft 1 Zitrone, 20 g Butter, 1 Trüffelknolle, Salz, Pfeffer, Muskat, 1 Bund Schnittlauch

5. Geflügelcremesuppe auf Kardinalsart

25. August 1862

Königinsuppe wie im Rezept angegeben zubereiten. In der fertig abgeschmeckten Suppe erwärmt man das in Scheiben bzw. Würfel geschnittene Hummerfleisch. Die Suppe in eine vorgewärmte Terrine füllen und die Trüffelknolle fein darüber reiben. Geflügelcremesuppe sofort servieren.

1 × Rezept »Königinsuppe«, Seite 98, 1 Döschen Hummerfleisch, 1 Trüffelknolle

6. Frühlingssuppe mit Geflügelklößchen

25. August 1863

Karotte und weiße Rübe schaben und in kleine Würfel oder sonstige Formen schneiden. Bohnen putzen, in 2 cm lange Stücke schneiden. Erbsen sauber verlesen. Blumenkohl in Röschen teilen. Das gewaschene, abgetropfte Gemüse in die kochende Fleischbrühe geben und die Suppe 45 Minuten bei milder Hitze garziehen lassen. – Für die Klößchen die Hühnerbrüstchen durch die feine Scheibe des Fleischwolfs drehen, Eiweiß, Salz und Muskat unterarbeiten. Dann die Masse 15–20 Minuten sehr kalt stellen. Dann nach und nach die Sahne einrühren. Von der Geflügelfarce Klößchen abstechen, diese in Salzwasser 6–8 Minuten garziehen lassen. – Sodann werden die Klößchen in eine vorgewärmte Suppenterrine gegeben und die abgeschmeckte Frühlingssuppe darüber gefüllt. Die Suppe mit gehacktem Kerbel bestreuen und sofort zu Tisch bringen.

1 grosse Karotte, 1 junge weisse Rübe, 75 g grüne Bohnen, 50 g ausgepulte grüne Erbsen, 100 g Blumenkohl, 1½ l Fleischbrühe, 200 g rohe Hühnerbrüstchen, 1 Eiweiss, Salz, Muskatnuss, 6 EL eisgekühlte süsse Sahne, 1 Bund Kerbel

7. Tapiokasuppe

17. August 1863

Tapioka oder Perlsago in reichlich sprudelnd kochendem Salzwasser 30 Minuten ausquellen lassen, auf einem Sieb abschütten. – Fleischbrühe zum Kochen bringen, Tapioka hineingeben und die Suppe mit mit Sahne verquirltem Eigelb binden. Tapiokasuppe in eine vorgewärmte Terrine füllen und mit Petersilie bestreut zu Tisch bringen.

125 g echter Tapioka oder Perlsago, Salz, 1½ l Fleischbrühe, 2 Eigelb, 2 EL süsse Sahne, 1 Bund Petersilie

8. *Kraftbrühe Monaco*   12. Oktober 1863

6 SCHEIBEN WEISSBROT, 150 g HÜHNER- ODER PUTENBRÜST-CHEN, 1 EIWEISS, SALZ, PFEFFER, 5 EL EISGEKÜHLTE SÜSSE SAHNE, 1 EI, 1 EIGELB, ¹/₈ l MILCH, 75 g SCHWEINE- ODER GÄNSE-SCHMALZ, 1¹/₂ l KLARE, KRÄFTIGE FLEISCHBRÜHE

Aus den Brotscheiben 12 gleichgroße Taler ausstechen. Hühnerfleisch mit Eiweiß, Salz und Pfeffer pürieren, eisgekühlte Sahne untermischen. Diese Farce auf 6 Taler streichen, mit den übrigen Talern bedecken. Brottaler auf einen tiefen Teller legen. Ei, Eigelb und Milch miteinander verquirlen und über die Brotscheiben gießen. 30 Minuten durchziehen lassen. Dann brät man die gefüllten Brotscheibchen in heißem Schmalz auf beiden Seiten goldbraun und legt sie in eine vorgewärmte Terrine. Sogleich gießt man heiße, klare Kraftbrühe darüber und serviert die Suppe unverzüglich.

9. *Gerstencremesuppe*   12. Oktober 1863

200 g GERSTENKÖRNER, ¹/₂ KLEINE SELLERIEKNOLLE, 1¹/₂ l FLEISCHBRÜHE, 1 BECHER (200 g) SÜSSE SAHNE, SALZ, PFEFFER, 1 BUND SCHNITTLAUCH

Gerstenkörner waschen und abtropfen lassen. Sellerieknolle schälen, in grobe Würfel schneiden. Gerste und Sellerie mit Fleischbrühe bei mittlerer Hitze 45 Minuten kochen lassen. Sind die Gerstenkörner weich, 2 Eßlöffel davon abnehmen. Die übrige Flüssigkeit mit Gerste und Sellerie pürieren. Suppe in den Topf zurückgießen, zum Kochen bringen und mit süßem Rahm vollenden. Mit Salz und Pfeffer abschmecken. – Die Cremesuppe in eine vorgewärmte Terrine gießen, zurückbehaltene Gerste als Einlage hineingeben und die Suppe mit Schnittlauchröllchen bestreut heiß servieren.

10. *Kraftbrühe mit Schinkenklößchen*   19. Oktober 1863

1 ZWIEBEL, 1 EL BUTTER, 125 g GEK. SCHINKEN, 2 SCHEIBEN ENTRINDETES WEISSBROT, 2 EL SÜSSE SAHNE, 1 EI, 1 TL MEHL, ¹/₂ BUND GEH. PETERSILIE, SALZ, PFEFFER, MUSKAT, 1¹/₂ l KRÄFTIGE, KLARE FLEISCHBRÜHE

Zwiebel hacken und in Butter glasig dünsten. Den Schinken ganz fein hacken oder pürieren. Weißbrot mit Sahne beträufeln. Dann Zwiebeln, Schinken, Brot, Ei, Mehl und Petersilie zu einem festen Teig kneten, mit Salz, Pfeffer und Muskat würzen. Von dieser Masse kleine Kugeln rollen und diese in Salzwasser bei milder Hitze 8 Minuten garziehen lassen. – Dann gibt man die Schinkenklößchen in eine Suppenterrine und füllt mit heißer, kräftig abgeschmeckter Kraftbrühe auf.

11. *Hühnersuppe mit Reis*   1. November 1863

1 KL. SUPPENHUHN (CA. 1,2 kg), SALZWASSER, 100 g LANGKORN-REIS, 2 KAROTTEN, 1 STANGE LAUCH, 1 STÜCK SELLERIE-KNOLLE, 75 g BLUMENKOHLRÖS-CHEN, SALZ, PFEFFER, 1 BUND PETERSILIE

Das Suppenhuhn innen und außen abspülen und in 2¹/₂ l leicht gesalzenem Wasser ca. 1¹/₂ Stunden bei mittlerer Hitze weichkochen lassen. Das Huhn herausnehmen und erkalten lassen.
1¹/₂ l von der Hühnerbrühe abnehmen und durchsieben. Reis, gewürfelte Karotten, in dünne Ringe geschnittener Lauch, gewürfelte Sellerie und Blumenkohlröschen in die Brühe geben und bei mittlerer Hitze knapp 30 Minuten garen lassen.
Nebenher das Suppenhuhn häuten und das Fleisch von den Knochen lösen. Hühnerfleisch in mundgerechte Stücke schneiden. Die dicke Suppe mit Salz und Pfeffer kräftig abschmecken, das Hühnerfleisch darin erwärmen. Die Suppe in eine Terrine füllen und mit gehackter Petersilie bestreut servieren.

12. Kraftbrühe auf spanische Art 27. August 1864

Fleischbrühe zum Kochen bringen, mit Sherry verfeinern. Die Suppe in vorgewärmte Suppentassen füllen und mit frischen, feingehackten Kräutern bestreut servieren.

1¹/₂ l KLARE FLEISCHBRÜHE. 2 LIKÖRGLÄSER TROCKENER SHERRY. EINE HANDVOLL FRISCHE PETERSILIE. SCHNITTLAUCH, KRESSE

13. Geflügelbrühe Prinzessinart 25. August 1864

Das Hähnchen unter fließendem Wasser abspülen. Gemüse putzen bzw. schälen und in kleine Würfel teilen. Hähnchen, zerkleinertes Gemüse, Petersilienstengel und Salz in 2 l Wasser geben und die Brühe 1¹/₂ Stunden bei mittlerer Hitze köcheln lassen.
In der Zwischenzeit den Eierstich zubereiten. Ist das Hühnerfleisch weich, Hähnchen häuten und die Bruststücke in feine Streifen schneiden. Geflügelbrühe durchsieben, abschmecken mit Salz und Pfeffer. Als Suppeneinlage gibt man dann die Hähnchenbruststreifen, Eierstich, Spargelspitzen und Trüffelstreifen hinein und bestreut mit feingehacktem Kerbel.

1 BRATHÄHNCHEN (800 g). 1 KAROTTE. ¹/₂ LAUCHSTANGE. 1 STÜCK SELLERIEKNOLLE. PETERSILIE. SALZ. 1 × REZEPT EIERSTICH (S. GERSTENCREMESUPPE S. 100). PFEFFER. 75 g SPARGELSPITZEN. EVTL. 1 TRÜFFELKNOLLE. FRISCHER KERBEL

14. Gebundene Grießsuppe 3. November 1864

Hartweizengrieß in der Butter unter Rühren goldgelb rösten. Die Fleischbrühe zum Kochen bringen, den Grieß unter ständigem Rühren einstreuen und bei milder Hitze 10 Minuten quellen lassen. Die Grießsuppe mit Salz, Pfeffer und Muskat würzen. Eigelb mit Sahne gut verquirlen und in die heiße, nicht mehr kochende Suppe einrühren.
Die gebundene Grießsuppe in eine vorgewärmte Terrine füllen und mit gehackter Petersilie oder Kerbel bestreut sofort zu Tisch bringen.

100 g HARTWEIZENGRIESS. 50 g BUTTER. 1¹/₄ l FLEISCHBRÜHE. SALZ. PFEFFER. MUSKAT. 2 EIGELB. 100 g SÜSSE SAHNE. PETERSILIE ODER KERBEL

15. Falsche Schildkrötensuppe 26. Februar 1865

Kalbskopffleisch unter Wasser gut abspülen. Salzwasser zum Kochen bringen, das Fleisch und die Gewürze hineingeben und bei mittlerer Hitze 1 Stunde kochen lassen.
Inzwischen das Weiße von den hartgekochten Eiern würfeln. Die Eigelbe mit dem frischen Eiweiß verkneten, mit Salz und Muskat würzen. Davon kleine Klößchen formen und diese in Salzwasser bei ganz milder Hitze 5 Minuten garziehen lassen. Herausnehmen.
Das Kalbskopffleisch aus der Brühe nehmen, in Würfelchen schneiden. Die Brühe durchsieben. Kalbskopffleisch, geschältes gewürfeltes Gemüse und braunen Jus in die Brühe geben und die Suppe noch 30 Minuten köcheln lassen. Dann mit Madeira, Pfeffer, Salz und einer kleinen Prise Cayennepfeffer würzen. Die falsche Schildkrötensuppe über die Eiweißwürfel und Eiklößchen geben und mit gehackter Petersilie bestreuen. Die Suppe heiß servieren.

500 g SCHIERES KALBSKOPFFLEISCH. 1¹/₄ l LEICHTES SALZWASSER. 1 LORBEERBLATT. JE 1 ZWEIG THYMIAN UND BASILIKUM. 4 KORIANDERKÖRNER. 4–6 PFEFFERKÖRNER. 4 HART GEKOCHTE EIER. 1 FRISCHES EIWEISS. SALZ. MUSKAT. 2 MÖHREN. ¹/₄ SELLERIEKNOLLE. 1 ZWIEBEL. ¹/₄ l BRAUNER JUS (S. 123). ¹/₈ l MADEIRA. PFEFFER. CAYENNEPFEFFER. PETERSILIE

16. Kraftbrühe mit Kalbfleischklößchen   3. November 1864

175 g DURCHGEDREHTES KALB-
FLEISCH, 75 g KALBSBRATWURST-
BRÄT, 1 EI, 2 EL SÜSSE SAHNE,
2 EL GEH. PETERSILIE. SALZ,
PFEFFER, MUSKAT, 1¹/₂ l FLEISCH-
BRÜHE, 1 BUND SCHNITTLAUCH

Kalbfleisch mit Bratwurstbrät, Ei, süßer Sahne und Petersilie gut vermischen, mit Salz, Pfeffer und Muskat kräftig abschmecken. Aus dieser Farce Klößchen rollen, diese in Salzwasser 8–10 Minuten bei milder Hitze garziehen lassen.
Alsdann gibt man die Klößchen in eine vorgewärmte Suppenterrine, füllt heiße Fleischbrühe darüber und gibt die Suppe mit Schnittlauchröllchen bestreut sofort zu Tisch.

17. Suppe à la Sevigne   26. Februar 1865

1 GEGRILLTES HÄHNCHEN (CA.
1 kg), 6 EL SÜSSE SAHNE, 2 EI-
GELB, SALZ, PFEFFER, MUSKAT,
BUTTER ZUM FETTEN DER
FORM, 100 g GEGARTE GRÜNE
SPARGELSPITZEN, 75 g GEGARTE
GRÜNE ERBSEN, 1¹/₂ l HÜHNER-
BRÜHE

Die Haut vom Hähnchen abziehen und das Fleisch von den Knochen lösen. Das Hähnchenfleisch pürieren, mit eiskalter Sahne und Eigelb verrühren, mit Salz, Pfeffer und Muskat würzen. Geflügelfarce in kleine gefettete Förmchen füllen und im Wasserbad 8–10 Minuten stocken lassen.
In der Zwischenzeit die Spargelspitzen und die grünen Erbsen in der Hühnerbrühe erhitzen. Die gegarten Timbales in vorgewärmte Suppenteller stürzen und die heiße Brühe mit Spargeln und Erbsen vorsichtig dazu gießen. Die feine Suppe heiß zu Tisch geben.

18. Gerstencremesuppe Königsart   10. Mai 1866

1 × REZEPT GERSTENCREME-
SUPPE (S. SEITE 100)
EIERSTICH: 3 EIER, ¹/₈ l MILCH,
SALZ, MUSKAT, ¹/₂ BUND
FRISCHER KERBEL, BUTTER ZUM
EINFETTEN

Gerstencremesuppe wie im Rezept angegeben zubereiten. Nebenher für den Eierstich Eier mit Milch verquirlen, mit Salz, Muskat und gehacktem Kerbel würzen. Die Eiermilch in gebutterte Förmchen füllen, Förmchen mit einem Stück Alufolie zudecken und den Eierstich im Wasserbad ca. 30 Minuten stocken lassen. Danach stürzen und erkaltet in Würfel, Rauten oder sonstige Formen schneiden. Eierstich als Einlage in die Gerstencremesuppe geben.

Vorspeisen

19. Omelett mit Schinken   29. Juli 1863

FÜR 1 PERSON: 2 GANZ FRISCHE
EIER, 1 PRISE SALZ, WEISSER
PFEFFER, MUSKATNUSS, 1 EL
SÜSSE SAHNE, PETERSILIE, 30 g
BUTTER, 75 g GEK. SCHINKEN

Pro Person werden 2 ganz frische Eier mit Salz, etwas weißem Pfeffer und Muskatnuß sowie süßer Sahne und etwas feingehackter Petersilie gut verquirlt. In einer schweren, möglichst gußeisernen Omelett-Pfanne frische Butter rauchend heiß werden lassen. Eiermasse hineingießen und unter ständigem Rütteln der Pfanne auf der Herdplatte stocken lassen. Mit einem Pfannenheber Omelett leicht anheben, etwas Butter unter die Omelett geben. Dann das Omelett mit feingeschnittenem gekochten Schinken füllen, halb übereinanderschlagen und auf einen vorgewärmten Teller gleiten lassen. Das Omelett sofort servieren. Die Oberfläche soll eine schöne lichtbraune Farbe zeigen, das Innere weich und cremeartig sein.

20. Geflügel-Suprême mit Trüffeln   25. August 1862

Die Hühnerbrüstchen sorgfältig von Hautresten und anhängenden Fettsträngen befreien. Dann die Brüstchen mit wenig Salz und Pfeffer bestreuen. 75 g Butter in einem Topf zergehen lassen, Mehl einrühren und andünsten, ohne zu bräunen. Nach und nach Hühnerbrühe zugießen, bis eine glatte Soße entstanden ist. Dahinein geputzte Champignonscheiben sowie Trüffelessenz geben und die Soße bei ganz milder Hitze oder im Wasserbad um ein Drittel einkochen. Sodann die Soße durchpassieren und mit Eigelb binden. Die Geflügelcremesoße mit Salz, Pfeffer und Zitronensaft abschmecken.
Nebenher die Hühnerbrüstchen in heißer Butter ca. 10 Minuten auf beiden Seiten sautieren. Ebenso die halbierten Brotscheiben in heißer Butter goldgelb rösten. Jetzt legt man auf eine runde Servierplatte abwechselnd jeweils ein Hühnerbrüstchen und eine Brotscheibe, sodaß das Ganze einen Kranz bildet. Dann überzieht man die Brüstchen mit der heißen dickflüssigen Soße und belegt jedes Hühnerbrüstchen mit einigen Trüffelscheiben. Garniert wird die Suprême mit Zitronenschnitzen und Kressebouquets.

12 Hühner- oder Putenbrüstchen, Salz, gemahlener weisser Pfeffer, 200 g Butter, 50 g Mehl, ³/₄ l kräftige Hühnerbrühe (entfettet, selbst zubereitet), 50 g frische, ganz weisse Champignons, 1 Döschen Trüffel, 2 Eigelb, Saft 1 Zitrone, 6 Scheiben Toastbrot, Zitronenschnitze und Kresse zum Garnieren

21. Gänseleberterrine   1. Januar 1862

Die Gänselebern werden mit Salz, weißem Pfeffer und Pastetengewürz bestreut, mit einigen Trüffelstückchen gespickt und zugedeckt über Nacht kühl gestellt.
Kalbfleisch und frischen Speck ganz fein durchdrehen. Schalotten, frische Champignons, etwas Petersilie und gewürfelten Speck in einer Pfanne anbraten, mit etwas Salz und Kräutern würzen und dann durchpassieren. Zu der Fleischfarce geben, feingehackten gekochten Schinken und Rum daruntermengen.
Eine Terrinenform mit Speckscheiben auskleiden, einen Teil der Farce hineinstreichen. 2 halbe Gänselebern und eventuell einige Trüffelscheiben daraufgeben, wieder mit Farce bestreichen. Dann kommen wieder 2 halbe Gänselebern und Trüffelscheibchen darauf und werden mit Farce bestrichen. Über das Ganze werden Speckscheiben gelegt, der Deckel darübergetan und die Terrine in schwach heißem Ofen (160°, Gas Stufe 1) 1½ Stunden sehr langsam gebacken. Danach läßt man sie erkalten.
Will man die Terrine länger aufbewahren, so übergießt man sie am folgenden Tag mit frischem Schweinefett.

2 grosse Gänselebern, Salz, weisser Pfeffer, Pastetengewürz, 2 Trüffelknollen (Dose), 250 g mageres Kalbfleisch, 250 g frischer Speck, 2 Schalotten, 6 frische Champignons, 1 Bund Petersilie, 50 g Räucherspeck, ½ TL Provence-Kräuter, 50 g gek. Schinken, 2 EL Rum od. Weinbrand, 150 g hauchdünn geschn. Räucherspeckscheiben, evtl. fr. Schweinefett

22. Timbales auf Pariser Art   16. August 1863

Fasane oder sonstiges Wildgeflügel grillen und erkaltet das Fleisch von den Knochen lösen. Knochen und Hautreste grob zerkleinern und mit Fleischbrühe kräftig durchkochen. Dann abseihen und entfetten. Vorbereiteten Bratenfond damit mischen und bei starker Hitze auf ³/₈ l Flüssigkeit einkochen. Das abgelöste Wildgeflügelfleisch wird fein durchgedreht und dann mit der Geflügeljus und den Eigelben verrührt. Diese Masse durch ein Haarsieb streichen und in gebutterte feuerfeste Becherförmchen füllen. Timbales in mäßig heißem Wasserbad knapp 30 Minuten stocken lassen. Auf Teller stürzen und mit wenig Bratenfond übergossen zu Tisch bringen.

2 junge Fasane oder sonstiges Wildgeflügel, ¹/₄ l Fleischbrühe, ¹/₄ l brauner Fond (S. 123), 5 Eigelb, Butter zum Einfetten

12 Hühner- oder Putenbrüst-
chen, Salz, gemahlener weisser Pfeffer, 6 fr. Artischok-
kenböden, etwas Zitronen-
saft, 200 g Butter, 50 g Mehl,
³/₄ l kräftige Hühnerbrühe
(entfettet, selbstzubereitet)
50 g frische, ganz weisse
Champignons, 1 Döschen
Trüffel, 2 Eigelb, Saft 1 Zitrone, 12 Krebsschwänze,
Zitronenschnitze und
Kresse zum Garnieren

23. Geflügel-Suprême nach Godard   16. August 1863

Die Hühnerbrüstchen sorgfältig von Hautresten und anhängenden Fettsträngen befreien. Dann die Brüstchen mit wenig Salz und Pfeffer bestreuen.
Die vorbereiteten Artischockenböden in leichtem Zitronenwasser 10 Minuten bei milder Hitze garen, abtropfen lassen.
75 g Butter in einem Topf zergehen lassen, Mehl einrühren und andünsten, ohne zu bräunen. Nach und nach Hühnerbrühe zugießen, bis eine glatte Soße entstanden ist. Dahinein geputzte Champignonscheiben sowie Trüffelessenz geben und die Soße bei ganz milder Hitze oder im Wasserbad um ein Drittel einkochen lassen. Sodann die Soße durchpassieren und mit Eigelb binden. Die Geflügelcremesoße mit Salz, Pfeffer und Zitronensaft abschmecken.
Nebenher die Hühnerbrüstchen in heißer Butter ca. 10 Minuten auf beiden Seiten sautieren. Ebenso die Artischockenböden und die Krebsschwänze in heißer Butter braten.
Jetzt legt man auf eine runde Servierplatte abwechselnd jeweils ein Hühnerbrüst-chen und einen Artischockenboden bzw. einen Krebsschwanz, sodaß das Ganze einen Kranz bildet. Dann überzieht man die Brüstchen mit der heißen, dickflüssi-gen Soße und belegt jedes Hühnerbrüstchen mit einigen Trüffelscheiben. Garniert wird die Platte mit Zitronenschnitzen und Kressebouquets.

2 junge Fasane (bratfertig
vorbereitet), Salz, Pfeffer,
75 g flüssige Butter,
¹/₂ l brauner Fond
(siehe Seite 123)
¹/₄ l kräftige Rindfleischbrühe (selbst zubereitet),
¹/₄ l Madeira, 10 Blatt
helle Gelatine.

24. Chaudfroid von Rebhuhn*   19. Oktober 1863

Die vorbereiteten Fasane innen und außen salzen und pfeffern. Dick mit Butter einpinseln, auf einen Grillspieß stecken und die Fasane unter häufigem Bepinseln mit flüssiger Butter ca. 30–45 Minuten (je nach Größe und Alter) goldbraun grillen. Die fertigen Fasane erkalten lassen. Danach häutet man das Geflügel und löst das Fleisch in ganzen Stücken von den Knochen ab.
Die Knochengerippe werden klein gehackt und in braunem Bratenfond, mit kräftiger Rindfleischbrühe und Madeira vermischt, gut ausgekocht. Danach gießt man die Flüssigkeit durch ein reines Mulltuch und kocht sie bei starker Hitze zu einer dickflüssigen, glänzenden Soße ein. Diese Soße mit Salz und Pfeffer kräftig abschmecken, die eingeweichte Gelatine darin auflösen.
Beginnt die braune Soße zu stocken, taucht man die Fasanenstücke einzeln hinein. Diesen Vorgang wiederholt man so oft, bis die Fleischstücke von einer dicken, glänzenden Geleeschicht umgeben sind. Fasanenstücke zum Trocknen auf ein Gitter legen. Das übrige Gelee in eine flache Schale gießen und erstarren lassen. Danach in kleine Würfel schneiden. Zum Servieren richtet man die Fasanenstücke auf einer flachen Platte hübsch an und umgibt sie mit einem Rand von gewürfeltem Fleischgelee.

* Da Rebhühner heutzutage nicht mehr erhältlich sind, greift man auf Fasane zurück, die in Aussehen und Geschmack Rebhühnern ähnlich sind.

25. *Sülzchen auf königliche Art*   1. November 1863

Hähnchen innen und außen salzen, pfeffern und mit Öl bepinseln. Das Geflügel hellbraun grillen. Nach dem Erkalten die Haut abziehen und das Fleisch von den Knochen lösen. Hähnchenfleisch fein pürieren. Aus Butter, Mehl und Hühnerbrühe eine helle Schwitze rühren. Das pürierte Hähnchenfleisch untermengen, 6 Blatt eingeweichte Gelatine darin auflösen. Die Masse mit Estragonessig, Salz und Pfeffer kräftig abschmecken, in gefettete Timbale-Förmchen füllen und mindestens 3 Stunden kalt stellen.
Braunen Fond und Madeira miteinander aufkochen, mit Salz und Pfeffer abschmecken, Gelatine darin auflösen. Die gestürzten Hühnersülzchen mehrmals mit diesem Bratengelee überziehen, bis eine glänzende Schicht darüber ist. Das übrige Gelee in einer flachen Form erstarren lassen.
Zum Servieren richtet man die Sülzchen gefällig auf einer Servierplatte an und garniert mit fein gehacktem Bratengelee.

1 FR. HÄHNCHEN (CA. 1 kg), SALZ, PFEFFER, ÖL, 50 g BUTTER, 35 g MEHL, 1/2 l HÜHNERBRÜHE, 10 BL. HELLE GELATINE, 2 EL ESTRAGONESSIG, 1/4 l KRÄFTIGER BRAUNER FOND, (S. 123), 4 cl MADEIRA

26. *Blätterteigpasteten Montgelas*   25. August 1864

Für die Pastetenfüllung den Fasan grillen und erkaltet das Fleisch von den Knochen lösen. Die Gänseleber in Madeira garziehen lassen. Geputzte Champignonköpfe in Zitronenwasser mit etwas Fett weißdünsten. Dann alle Zutaten in dünne, kurze Streifen schneiden. In der Zwischenzeit die grobzerhackten Knochen des Fasans in dem Madeira, in dem die Gänseleber gegart wurde, gut auskochen, dann durch ein Haarsieb passieren. Diese Essenz vermischt man mit einem kleinen Schöpflöffel Bratfond vom Fasan und dem Champagner. Diese Soße wird unter Rühren bei starker Hitze dicklich eingekocht, mit etwas Zitronensaft angenehm gesäuert und mit den geschnittenen Zutaten vermischt.
Dieses Ragout in Blätterteigpastetchen, die im Backofen (200°, Gas Stufe 3) 15 Minuten aufgebacken wurden, füllen und sofort auftragen.

1 FASAN (BRATFERTIG VORBEREITET), 250 g ROHE GÄNSELEBER, 1/4 l MADEIRA, 250 g GROSSE CHAMPIGNONKÖPFE, SAFT VON 1 ZITRONE, 20 g BUTTER, 1/2 l CHAMPAGNER, 6 BLÄTTERTEIGPASTETEN

27. *Grüne Erbsen mit Blutwürstchen à la Richelieu*   28. August 1864

Grüne Erbsen wie im Rezept angegeben zubereiten. Nebenher von den Tomaten einen kleinen Deckel abschneiden und die Tomaten aushöhlen. Champignons putzen, die Stiele abdrehen und fein hacken. Räucherspeck würfeln, Speck in Butter ausbraten und gehackte Pilzstiele sowie gehackte Kräuter zufügen, mit Pfeffer bestreuen und alles so lange braten, bis keine Flüssigkeit mehr vorhanden ist. Die Speck-Kräuter-Masse in die Tomaten und die Pilzhüte füllen.
Öl in einer Kasserolle erhitzen, Blutwürstchen, gefüllte Tomaten und Pilzhüte hineingeben und in wenigen Minuten bei milder Hitze leicht anbraten.
Die gegarten Erbsen richtet man erhaben in einer Gemüseschüssel an und umlegt sie kranzförmig mit Blutwürstchen, gefüllten Champignons und Tomaten.

1 × REZEPT GRÜNE ERBSEN, SEITE 126, 6 KLEINE TOMATEN, 6 KLEINE BLUTWÜRSTCHEN, 6 GROSSE CHAMPIGNONKÖPFE, 100 g DURCHWACHSENER RÄUCHERSPECK, 2 EL BUTTER, 2 BUND GEMISCHTE FRISCHE KRÄUTER, PFEFFER, 4 EL ÖL

28. Teigpasteten mit Makkaroni à la Parma   27. August 1864

1 × Rezept Pastetenteig (siehe Entenleberpastete Seite 107), 2 EL Butter, 200 g Makkaroni-Nudeln, 100 g Butter, 150–200 g geriebener Parmesankäse, Salz, Muskatnuss, Pfeffer, 6 Hühnerbrüstchen, 100 g rohe Champignons, 1 kleine Kalbszunge, 2 Eigelb

Zuerst einen Pastetenteig wie bei der Entenleberpastete (Seite 107) angegeben zubereiten. Eine runde Timbale-Form dick mit frischer Butter ausstreichen und mit dünn ausgewelltem Teig auskleiden. Der Rand soll etwa 2 cm hoch überstehen. Für die Füllung Makkaroni-Nudeln in Salzwasser beißfest kochen, abseihen und in 3 cm lange Stücke schneiden. Makkaroni mit Butter, Parmesankäse, Salz und Muskatnuß in einer Kasserolle kurz durchschwenken. Gesalzene, gepfefferte Hühnerbrüstchen in etwas Butter rasch braten, nach dem Erkalten in Streifen schneiden. Geputzte Champignons und das in Streifen geschnittene Kalbszünglein ebenfalls rasch anbraten. In die Timbale-Form eine Lage Makkaroni geben. Hühnerbrüstchen mit Champignons und Zungenstreifen darauf verteilen. Mit Nudeln abschließen. Die Timbale-Form mit einem Teigdeckel verschließen, den Rand leicht andrücken. Mit Eigelb bepinseln und im Backofen bei mittlerer Hitze ca. 50–60 Minuten goldbraun backen.
Zum Anrichten wird der Teigdeckel aufgeschnitten, die Makkaroni mit einer Gabel leicht gelockert und etwas Bratensaft von den Hühnerbrüstchen darübergegossen. Deckel wieder auflegen und die Teigpastete sogleich servieren.
Eine weiße Rahmsoße mit frischen Champignons und etwas Zitronensaft parfümiert getrennt dazu reichen.

29. Kroketten nach Bonaparte   28. August 1864

4 Kalbsbrieschen, 1/8 l trockener Weisswein, 1 Kräuterbündel, 100 g Butter, 80 g Mehl, 4 Eigelb, Saft von 1/2 Zitrone, Salz, Pfeffer, helle Semmelbrösel, 4 Eiweiss, Backfett, Petersilie zum Garnieren

Die Kalbsbrieschen in mehrmals erneuertem Wasser so lange wässern, bis kein Blut mehr austritt. Dann kurz mit kochendem Wasser übergießen und die Häutchen abziehen.
Weißwein mit 1/4 l Wasser und Kräuterbündel zum Kochen bringen, die Brieschen hineinlegen und bei milder Hitze 12 Minuten ziehen lassen. Im Sud erkalten lassen.
Aus Butter, Mehl und 3/8 l Kochsud eine ganz dicke Mehlschwitze bereiten. Die sehr fein gehackten Brieschen hineingeben, die Masse etwas abkühlen lassen. Eigelb unterziehen und mit Zitronensaft, Salz und Pfeffer abschmecken. Aus der erkalteten, erstarrten Masse kleinfingerlange, 3 cm dicke Kroketten formen. Diese in Semmelbrösel wälzen, in verquirltem Eiweiß wenden und nochmals mit Bröseln panieren. Alsdann fritiert man die Kroketten portionsweise in heißem Backfett goldbraun. Pyramidenförmig auf einer vorgewärmten Platte angerichtet und mit Petersilienbouquets garniert werden sie sofort serviert.

30. Kibitzeier   10. Mai 1866

Frische Kibitzeier, frische Butter, evtl. 1 Trüffelknolle

Die nötige Anzahl frischer Kibitzeier werden in einem Topf mit kaltem Wasser aufgesetzt und 10 Minuten lang gekocht. Dann werden die Eier kalt abgeschreckt, gepellt und halbiert auf einer vorgewärmten Platte angerichtet. Man präsentiert sie mit flüssiger frischer Butter und eventuell gehackten Trüffeln.

31. Pastete à la Gautier

10. Mai 1866

Zunächst beim Bäcker eine große Blätterteigpastete, Vol-au-vent, bestellen.
Für das Ragout dünstet man die vorbereiteten Artischockenböden in leichtem Zitronenwasser. Blanchierte, gewürfelte Kalbsbrieschen sowie Stücke von Kalbsnieren brät man in heißem Öl kurz an, fügt Würfel von Zwiebeln, Karotte, Sellerie und Lauch zu, bestäubt mit Mehl und röstet alles einige Minuten. Dann gießt man mit gutem Rotwein auf und schmort das Ragout 30 Minuten. Abschmecken mit Salz, Pfeffer und Zitronensaft. Kurz vor dem Auftragen fügt man die Artischockenböden, einige Krebsschwänzchen und eine Handvoll Geflügelklößchen hinzu.
Dieses Ragout füllt man in die Blätterteigpastete, die im Backofen (200°, Gas Stufe 3) 20 Minuten goldbraun gebacken wurde, und bringt das Ganze zu Tisch.

1 GR. BLÄTTERTEIGPASTETE, 6 ARTISCHOCKENBÖDEN, SAFT VON 1 ZITRONE, 4 KALBSBRIESCHEN, 4 KALBSNIEREN, 4 EL ÖL, 1 ZWIEBEL, 2 KAROTTEN, 1/4 SELLERIEKNOLLE, 1/2 STANGE LAUCH, 2 EL MEHL, 1/8 l ROTWEIN, SALZ, PFEFFER, 6–8 GESCHÄLTE KREBSSCHWÄNZE, GEFLÜGELKLÖSSCHEN (S. PASTETE FINANZMANNART, SEITE 110)

32. Entenleberpastete

10. Mai 1866

Für den Pastetenteig Mehl, Ei, Wasser, Salz und Weinbrand gut verkneten und zur Kugel formen. Diesen Teig hauchdünn auf bemehltem Backbrett auswellen. 75 g sehr kalte, in dünne Scheiben geschnittene Butter darauflegen, den Teig darüber zusammenschlagen und erneut dünn auswellen. Diesen Vorgang wiederholt man dreimal, bis die ganze Butter verwendet ist. Dann den Teig über Nacht kalt stellen.
Für die Füllung die Entenlebern mit Salz, weißem Pfeffer und Pastetengewürz bestreuen, mit einigen Trüffelscheiben spicken und zugedeckt über Nacht kalt stellen.
Am anderen Tag Kalbfleisch und frischen Speck ganz fein durchdrehen. Schalotten, frische Champignons, etwas Petersilie und gewürfelten Speck in einer Pfanne anbraten, mit etwas Salz und Kräutern würzen und dann durchpassieren. Zu der Fleischfarce geben, zusätzlich feingehackten gekochten Schinken und Rum oder Weinbrand daruntermengen.
Jetzt den Pastetenteig fingerdick auswellen und in eine lange Form legen, wobei der Teig fingerbreit über den Formenrändern überstehen soll. Dann einen Teil der Farce hineinstreichen. 2 halbe Entenlebern und Trüffelscheibchen daraufgeben, wieder mit Farce bestreichen. Dann kommen wieder 2 halbe Entenlebern und Trüffelscheibchen darauf und werden mit Farce überstrichen.
Nun von dem übrigen Teig den Pastetendeckel auswellen und auf die Pastete legen. Die Ränder zusammendrücken. Dann schneidet man in die Mitte ein kleines Loch, damit der Dampf beim Backen entweichen kann. Die Pastete mit Eimilch bepinseln, in den vorgeheizten Backofen (180°, Gas Stufe 2) schieben und ca. 1 1/2 Stunden goldgelb backen.
Danach nimmt man die Entenleberpastete aus der Form. Erkaltet gießt man flüssiges Madeiragelee, das aus Madeira und Gelatine hergestellt wurde, durch den Kamin in den entstandenen Hohlraum. Das übrige Gelee wird in eine flache Schüssel gegossen und erstarrt in Würfel geschnitten zu der Entenleberpastete gereicht.

PASTETENTEIG: 500 g MEHL, 1 EI, 1/8 l WASSER, 1 TL SALZ, 2 EL WEINBRAND, 250 g SEHR KALTE BUTTER
FÜLLUNG:
2 GROSSE ENTENLEBERN, SALZ, WEISSER PFEFFER, PASTETENGEWÜRZ, 2 TRÜFFELKNOLLEN (DOSE), 250 g MAGERES KALBFLEISCH, 250 g FRISCHER SPECK, 2 SCHALOTTEN, 6 FRISCHE CHAMPIGNONS, 1 BUND PETERSILIE, 1/2 TL KRÄUTER DER PROVENCE, 50 g RÄUCHERSPECK, 50 g GEKOCHTER SCHINKEN, 2 EL RUM ODER WEINBRAND, 1 EIGELB, MIT 1 EL KONDENSMILCH VERQUIRLT, 1/4 l MADEIRA, 4 BLATT HELLE GELATINE

33. Schwarzreuter
25. August 1862

JE 375 g MAGERES SCHWEINE-, RIND- UND KALBFLEISCH 1 KALBSFUSS, 1 ZWIEBEL, ¹/₄ SELLERIEKNOLLE, 1 STANGE LAUCH (PORREE), 2 KAROTTEN 1 LORBEERBLATT, 2 NELKEN, 4-6 PIMENTKÖRNER, 1 TL SALZ, ¹/₄ L ESSIG, ¹/₄ L WEISSWEIN, 1 LEICHT GESCHLAGENES EIWEISS, 6 BLATT HELLE GELATINE, PFEFFER, 100 g SCHWEINESCHMALZ.

Fleischstücke und gebrühten Kalbsfuß mit geputztem ganzen Gemüse und Gewürzen in einen Topf geben, mit Essig, Weißwein und soviel Wasser übergießen, daß die Flüssigkeit 1 cm hoch über den Fleischteilen steht. Das Ganze bei milder Hitze gut zugedeckt 1¹/₂ Stunden garkochen. Danach das Fleisch in grobe Würfel schneiden, den Kalbsfuß entfernen. Fleischwürfel und zerkleinertes Gemüse in einen mittelgroßen Steintopf schichten.
¹/₂ l von der Brühe abnehmen, entfetten und diese mit dem Eiweiß 15 Minuten leicht köcheln lassen. Die so geklärte Brühe durch ein sauberes Tuch gießen, mit Salz und Pfeffer pikant abschmecken und die Gelatine darin auflösen. Das klare Gelee über die Fleischwürfel gießen, erstarren lassen. Mit Schweineschmalz übergossen hält sich das Schwarzreuter 2–3 Wochen im Kühlschrank. Mit kräftigem Bauernbrot zu Tisch bringen.

Fleischgerichte

34. Paniertes Kalbsbries
1. Januar 1862

1,2 kg KALBSBRIES, GEMAHLENER WEISSER PFEFFER, SALZ, ¹/₂ TASSE ÖL, 2 EIER, 100 g HELLE SEMMELBRÖSEL, 75 g BUTTER, SAFT VON 1 ZITRONE

Die Kalbsbrieschen 5–6 Stunden in reichlich kaltem Wasser wässern, dabei das Wasser mehrmals erneuern. Danach die Brieschen mit kochendem Wasser überbrühen, die Häute abziehen und die Brieschen zwischen zwei Holzbrettchen legen. Auf die Holzbrettchen Gewichte (z.B. Konservendosen) legen und die Brieschen so 1 Stunde zusammengepreßt stehen lassen.
Anschließend werden die Brieschen in Scheiben geschnitten, gesalzen und gepfeffert und nacheinander in Öl, verquirlten Eiern und Semmelbröseln paniert. Die Brieschen in erhitzter Butter auf beiden Seiten ca. 12 Minuten goldbraun braten. Auf vorgewärmter Platte anrichten, mit Zitronensaft beträufeln und sofort servieren.

35. Geschmorte Kalbfleischschnitten
25. August 1862

6 KALBSSCHNITZEL, 3 cm DICK, 200 g FETTER SPECK, PFEFFER, SALZ, MUSKAT, 50 g FRISCHE BUTTER, 2 KAROTTEN, 2 ZWIEBELN, PETERSILIE, 2 THYMIANZWEIGE, 1 LORBEERBLATT, ¹/₈ L TROCK. WEISSWEIN, ¹/₁₆ L FLEISCHBRÜHE

Kalbsschnitzel mit gekühlten Speckstreifen spicken oder mit Speckscheiben umwickeln. Mit Pfeffer, Salz und Muskat beidseitig würzen. Kalbfleischschnitten in heißer Butter hell anbraten, dünngeschnittene Karotten- und Zwiebelscheibchen, Petersilienstiele, Thymianzweige und Lorbeerblatt zugeben und glasig werden lassen. Alles mit Weißwein und Fleischbrühe auffüllen und das Ganze zugedeckt im Backofen (220°, Gas Stufe 4) etwa 15 Minuten schmoren lassen.
Dann den Bratfond mit Gemüse durchpassieren, mit Salz und Pfeffer abschmecken und zu den Kalbfleischschnitten servieren.

36. Gebratene Kalbsnuß

29. Juli 1863

Kalbsnuß salzen und pfeffern. Öl und Butter im Bräter erhitzen, Kalbsnuß einlegen und rundum braun anbraten. Dann gibt man gewürfelten Speck, Kalbsknochen, Karotten- und Zwiebelstücke sowie Gewürze hinzu, gießt mit Brühe auf und brät die Kalbsnuß gut zugedeckt im Backofen (220°, Gas Stufe 4) ca. 2 Stunden. Währenddessen das Fleisch mehrmals mit Bratfond übergießen.
Ist die Kalbsnuß fertig gebraten, wird die saure Sahne darübergegossen und der Braten im offenen Topf noch 10 Minuten bei häufigem Begießen gegart.
Zum Anrichten die Kalbsnuß in Scheiben schneiden und mit der durchpassierten, abgeschmeckten Rahmsoße servieren.

1,5 kg Kalbsnuss, Salz, Pfeffer, 6 EL Öl, 2 EL Butter, 125 g durchw. Räucherspeck, 2 Kalbsknochen, 1 Karotte, 2 Zwiebeln, 2 Petersilienstengel, 4 Wacholderbeeren, 2 Nelken, 2 Lorbeerblätter, 1/4 l Fleischbrühe, 1/2 l saure Sahne

37. Gebratenes Kalbfleisch

12. Oktober 1863

Zutaten und Zubereitung siehe gebratene Kalbsnuß.

38. Gekochtes Rindfleisch

12. Oktober 1863

Zutaten und Zubereitung wie im Rezept gekochtes Rindfleisch mit Meerrettich, Seite 111, angegeben.

39. Kalbsschnitzel

14. August 1863

Öl mit der Butter in einer Pfanne erhitzen, Kalbsschnitzel darin auf beiden Seiten bei mittlerer Hitze 12–15 Minuten braten. Dann die Schnitzel salzen und pfeffern und auf vorgewärmter Platte anrichten. Bratfond mit süßer Sahne loskochen und über die angerichteten Kalbsschnitzel gießen. Mit gehackter Petersilie bestreut servieren.

6 Kalbsschnitzel à 150 g, 3 EL Öl, 1 EL Butter, Salz, grobgestossener weisser Pfeffer, 1/8 l süsse Sahne, Petersilie

40. Geröstete Kalbsleber

12. Oktober 1863

Die Kalbsleber häuten und zuerst in 1 cm breite Scheiben, dann in 2 cm breite Streifen schneiden. Zwiebeln schälen und hacken. Zwiebeln in Schmalz 3 Minuten gelb andünsten. Leberstreifen mit Mehl bestäuben und zu den Zwiebeln geben. Die Kalbsleber bei mittlerer Hitze 5 Minuten rundum gleichmäßig rösten. Sodann gibt man die Kalbsleber auf eine vorgewärmte Platte, streut etwas Salz darüber und stellt sie warm.
Den Bratfond löscht man mit Rotwein ab, gibt Sahne dazu und läßt die Soße etwas einkochen. Mit Salz schön abgeschmeckt träufelt man die Soße über die Leberstreifen. Sodann garniert man die Platte mit Tomatenschnitzen und Petersiliensträußchen und gibt die geröstete Kalbsleber unverzüglich zu Tisch.

1 kg Kalbsleber, 2 Zwiebeln, 75 g Butterschmalz, Mehl zum Bestäuben, Salz, 1/8 l Rotwein, 1/8 l süsse Sahne, Tomatenschnitze und Petersilie zum Garnieren

41. Lammkoteletts
25. August 1863

6–12 LAMMKOTELETTS (JE NACH GRÖSSE), GROBGESTOSSENER SCHWARZER PFEFFER, SALZ, 2 KNOBLAUCHZEHEN, 3 EL OLIVENÖL, ⅛ L TROCKENER ROTWEIN, ⅛ L SÜSSE SAHNE, 1 TL MINZGELEE

Lammkoteletts etwas klopfen und beidseitig mit Pfeffer, Salz und zerriebenen Knoblauchzehen würzen. Olivenöl in einer schweren Pfanne rauchend heiß werden lassen, die Koteletts hineingeben. Nach 4 Minuten wenden, weitere 4 Minuten braten. Sodann werden die Koteletts aus der Pfanne genommen und warm gestellt. Für die Soße kocht man den Bratfond mit Rotwein los, gießt diesen durch ein Sieb und bindet die Bratensoße mit süßer Sahne. Zuletzt rührt man das Minzgelee hinein, würzt die Soße mit Salz und Pfeffer und reicht diese getrennt zu den Lammkoteletts.

42. Gebratene Schweinekoteletts
19. Oktober 1863

6 SCHWEINEKOTELETTS (à 200 g), SALZ, PAPRIKA EDELSÜSS, 3 EL BUTTERSCHMALZ, 1 EL TOMATENMARK, ⅛ L TR. WEISSWEIN, 3 EL SÜSSE SAHNE

Schweinekoteletts leicht klopfen, mit Salz und Paprikapulver beidseitig würzen. Schmalz in einer Pfanne erhitzen und die Koteletts darin auf beiden Seiten bei mittlerer Hitze 15 Minuten goldbraun braten. Dann herausnehmen und auf vorgewärmter Platte anrichten. Bratfond mit Tomatenmark und Weißwein loskochen und mit süßer Sahne binden. Abgeschmeckte Bratensoße über die Koteletts träufeln und diese sofort servieren.

43. Rinderschmorbraten à la Chipolata
1. November 1863

1 × REZEPT RINDERSCHMORBRATEN, SEITE 111, 2 TELTOWER RÜBCHEN, 2 KAROTTEN, 1 TASSE FLEISCHBRÜHE, 18 MARONEN, 18 KL. ZWIEBELN, 2 PAAR CHIPOLATA-WÜRSTCHEN (SEHR SCHARF), 100 g FRISCHE CHAMPIGNONKÖPFE, 6 ARTISCHOCKENBÖDEN, 100 g BUTTER

Rinderschmorbraten wie im Rezept angegeben zubereiten. Unterdessen für die Garnitur Rübchen und Karotten schälen und olivenförmig zuschneiden. In Fleischbrühe 10–15 Minuten knackig garen.
Geschälte Maronen und Zwiebeln, Chipolata-Würstchen, geputzte Champignons und Artischockenböden in Fett lichtbraun anbraten. Den fertigen Schmorbraten mit den angegebenen Garnituren umlegen und mit Bratensoße übergossen sofort servieren.

44. Kalbfleischschnitten Finanzmannart
27. August 1864

ZUTATEN SIEHE GESCHMORTE KALBFLEISCHSCHNITTEN (REZEPT SEITE 108), AUSSERDEM 175 g DURCHGEDREHTES KALBFLEISCH, 1 EI, SALZ, PFEFFER, MUSKAT, 1 KLEINE DOSE CHAMPIGNONKÖPFE, 75 g BUTTER, 10–14 OLIVEN, EVTL. 1 TRÜFFELKNOLLE

Zuerst die Kalbfleischschnitten wie im Rezept angegeben zubereiten. Dabei beachten, daß die Scheiben kleiner und etwas dicker geschnitten sind.
Ist das Fleisch geschmort, werden die Schnitten glasiert. Dazu werden die Fleischscheiben im offenen Topf bei sehr starker Hitze (250°, Gas Stufe 6) noch etwa 10 Minuten gebraten. Während dieser Zeit die Fleischscheiben mehrmals mit Bratfond begießen. Dabei bildet sich eine glänzende Schicht. Dann den Schmorfond durchpassieren und evtl. nachwürzen. Nebenher das Kalbfleisch mit Ei und Gewürzen verkneten und zu Klößchen formen. Diese mit Champignonköpfen zusammen in Butter braun braten. Die Oliven abtropfen lassen, die Trüffelknolle in hauchdünne Scheiben schneiden.
Kalbfleischschnitten auf vorgewärmter Platte anrichten, mit Klößchen, Champignons, Trüffelscheiben und Oliven umlegen. Die Soße extra dazu reichen.

45. Gekochter Schinken 12. Oktober 1863

Den ganzen Schinken in einen großen Topf legen. Geschältes, grob zerkleinertes Gemüse, Petersilienstengel und Gewürze dazu geben, mit Rotwein und soviel Wasser auffüllen, daß der Schinken gerade bedeckt ist. Das Ganze wird sodann zum Sieden gebracht und bei milder Hitze ca. 2½ Stunden gegart. Ist der Schinken schön weich, nimmt man ihn heraus und richtet ihn auf einer vorgewärmten Servierplatte an. An den Schinkenknochen steckt man eine Papiermanschette, den Schinken selbst umlegt man mit Zitronen- und Tomatenvierteln sowie Sträußchen von Petersilie. So garniert gibt man den Schinken warm oder kalt zur Tafel.

1 GANZER SCHINKEN (CA. 1200g), 1 ZWIEBEL, 1 KAROTTE, ¼ SELLERIEKNOLLE, 3 PETERSILIENSTENGEL, 2 LORBEERBLÄTTER, 4 GEWÜRZNELKEN, 4 PFEFFERKÖRNER, ½ l TROCKENER ROTWEIN, ZITRONEN- UND TOMATENVIERTEL SOWIE PETERSILIENSTRÄUSSCHEN FÜR DIE GARNITUR

46. Gekochtes Rindfleisch mit Meerrettich 27. August 1864

Ochsenfleisch unter fließendem Wasser abspülen. Karotte, Lauch und Sellerieknolle putzen bzw. schälen und in kleine Stücke teilen. Gemüse und 1 EL Salz in 2½ l Wasser geben. Das Wasser zum Kochen bringen, Fleisch hineinlegen und alles bei mittlerer Hitze 2½–3 Stunden weichkochen lassen.
Inzwischen reibt man die geschälte Meerrettichstange und den Apfel und vermischt alles mit süßer Sahne.
Ist das Fleisch gar, wird es in Scheiben geschnitten auf vorgewärmter Platte angerichtet, mit etwas durchgesiebter Fleischbrühe übergossen und mit gehackter Petersilie bestreut. Geriebenen Meerrettich extra dazu reichen.

1 kg OCHSENFLEISCH (SCHWANZ- OD. RIPPENSTÜCK), 1 GROSSE KAROTTE, 1 STANGE LAUCH, 1 STÜCK SELLERIEKNOLLE, SALZ, 1 STANGE FRISCHER MEERRETTICH, 1 SAURER APFEL, 2–3 EL SÜSSE SAHNE, 1 BUND PETERSILIE

47. Hammelkoteletts 10. Mai 1866

Hammelkoteletts leicht klopfen und beidseitig mit Pfeffer und Salz würzen. Olivenöl in einer schweren Pfanne erhitzen und, wenn es fast zu rauchen beginnt, die Koteletts hineingeben. Zeigt sich auf der Oberfläche Fleischsaft (nach 4–5 Minuten), Koteletts wenden und weiterbraten, bis wiederum Fleischsaft heraustritt. Koteletts aus der Pfanne nehmen und warm stellen.
Den Bratfond mit Fleischbrühe und braunem Jus loskochen und abschmecken. Soße getrennt zu den Koteletts reichen.

6 HAMMELKOTELETTS, GROBGESTOSSENER SCHWARZER PFEFFER, SALZ, 2 EL OLIVENÖL, ⅛ l FLEISCHBRÜHE, ⅛ l BRAUNER JUS (SEITE 123)

48. Rinderfilet à la Chipolata 26. Februar 1865

Zutaten und Zubereitung siehe die Rezepte »Geschmortes Rinderfilet«, Seite 112, sowie »Rinderschmorbraten à la Chipolata«, Seite 110.

49. Rinderschmorbraten 10. Mai 1866

Das gut abgehangene Rindfleisch wird mit eisgekühlten Speckstreifen sorgfältig gespickt. Die weitere Zubereitung erfolgt wie im Rezept »Geschmortes Rinderfilet«, Seite 112, angegeben, jedoch verlängert sich die Schmorzeit im Backofen auf 2½–3 Stunden.

2 kg RINDFLEISCH ZUM SCHMOREN (SCHWANZSTÜCK), 250 g FETTER SPECK ZUM SPICKEN

50. Geschmortes Rinderfilet

10. Mai 1866

1,5 kg RINDERFILET, 1/2 EL SALZ, 1 TL PFEFFER, 1 MESSERSPITZE MUSKAT, 1/2 TL THYMIAN, 2 ZERREBELTE LORBEERBLÄTTER, 1/2 l ROTWEIN, 1/10 l COGNAC, 4 EL ÖL, 1 MÖHRE, 1 ZWIEBEL, 2 KALBSFÜSSE, 1 KRÄUTERBÜNDEL (PETERSILIE, THYMIAN, LORBEERBLATT), 2 NELKEN, 4–6 WACHOLDERBEEREN, 1 PRISE ZUCKER

Rinderfilet häuten und entsehnen. Das Fleisch mit Salz, Pfeffer, Muskat, Thymian und Lorbeerblättern ringsum einreiben. Rinderfilet in eine Schüssel legen, mit Rotwein und Cognac begießen und ca. 6 Stunden marinieren lassen.

Öl in einem Bräter erhitzen. Das marinierte, trockengetupfte Fleisch hineingeben und rundum braun anbraten. Dann gewürfelte Möhre und Zwiebel, Kalbsfüße, Kräuterbündel, Nelken und Wacholderbeeren zugeben, 5 Minuten mit anbraten. Sodann wird die Marinade zugegossen, der Deckel aufgelegt und das Fleisch im Backofen (220°, Gas Stufe 4) gut 1 Stunde geschmort. Die Lende soll im Innern rosa gehalten werden.

Danach die Soße durch ein Sieb passieren, eventuell mit etwas Rotwein und 1 Prise Zucker nachwürzen und die Soße über das in Scheiben geschnittene Rinderfilet geben.

51. Geräucherte Zunge

27. August 1864

1 LEICHT GERÄUCHERTE ZUNGE (1,5 kg), 3 l WASSER, 1 SUPPENGRÜN, 1 GESCHÄLTE ZWIEBEL, MIT 2 NELKEN BESTECKT, 4–6 SCHW. PFEFFERKÖRNER
WEINSOSSE:
30 g BUTTER, 40 g MEHL, 1/4 l WEISSWEIN, 1/2 l ZUNGENBRÜHE, 2 EIGELB, SAFT VON 1 ZITRONE, SALZ, GEM. WEISSER PFEFFER, 4 EL KAPERN

Die Zunge über Nacht in kaltem Wasser wässern. Am anderen Tag die Zunge in frischem Wasser, dem das geputzte, zerkleinerte Suppengrün, die Zwiebel und die Pfefferkörner zugefügt wurde, bei mittlerer Hitze 3–4 Stunden kochen lassen.

Ist die Zunge weich (die Zungenspitze muß sich weich anfühlen), herausnehmen, kurz mit kaltem Wasser überbrausen und die Haut abziehen. Die Zunge in Scheiben schneiden, auf vorgewärmter Platte anrichten und mit der Weinsoße übergießen.

Weinsoße: Aus Butter und Mehl eine helle Schwitze rühren und mit Weißwein und Zungenbrühe ablöschen. Die cremiggerührte Soße mit Eigelb binden, mit Zitronensaft, Salz und Pfeffer abschmecken. Kapern unterrühren.

Fischgerichte

52. Gebackene Saiblinge

25. August 1862

6–12 SAIBLINGE à 150 g (KÜCHENFERTIG VORBEREITET, ERSATZWEISE FORELLEN), SALZ, SAFT VON 2 ZITRONEN, MEHL, 2–4 EIER, HELLE SEMMELBRÖSEL, BACKFETT (Z.B. SCHMALZ), 2 BUND PETERSILIE, ZITRONENVIERTEL

Die vorbereiteten Saiblinge unter fließendem Wasser abspülen und trockentupfen. Mit Salz bestreut, mit Zitronensaft beträufelt 30 Minuten stehen lassen.

Danach die Saiblinge trockentupfen, mit Mehl bestäuben, in verquirlten Eiern wenden und in Semmelbröseln wälzen. Die Panade leicht andrücken. Dann werden die Saiblinge in heißem Backfett ca. 6 Minuten hellbraun ausgebacken. Ebenso Sträußchen frischer Petersilie.

Die fertigen Saiblinge richtet man auf einer ovalen Platte an, umlegt mit gebackener Petersilie und Zitronenvierteln und gibt sie sofort zu Tisch.

53. Lachs auf holländische Art

1. Januar 1862

Vorbereiteten ganzen Lachs oder einen ähnlichen Fisch mit Zitronensaft beträufeln und 20 Minuten stehen lassen. Den Fisch in leicht siedendem Salzwasser mit beigefügter gespickter Zwiebel ca. 30 Minuten bei milder Hitze garen lassen.
In der Zwischenzeit eine Sauce hollandaise zubereiten: Frische Eigelb mit etwas Butter, Salz und gestoßenem Pfeffer im Wasserbad schaumig rühren. Beginnt diese dicklich zu werden, nach und nach die übrige Butter einrühren. Die Soße mit Zitronensaft und Estragonessig abschmecken und in eine Sauciere füllen.
Den gegarten Fisch vorsichtig aus dem Wasser nehmen und auf einer vorgewärmten Servierplatte anrichten. Mit abgezupften Petersiliensträußchen umlegen und den Fisch mit der holländischen Soße zusammen sofort auf den Tisch bringen.

1 GANZER LACHS (CA. 1,5 kg, KÜCHENFERTIG VORBEREITET), SAFT 1 ZITRONE, SALZWASSER, 1 ZWIEBEL, MIT 1 LORBEERBLATT UND 2 NELKEN BESTECKT
SAUCE HOLLANDAISE:
4 EIGELB, 200 g BUTTER, SALZ, GESTOSSENER PFEFFER, SAFT 1 ZITRONE, 1 EL ESTRAGONESSIG, PETERSILIE ZUM GARNIEREN

54. Saiblinge, blau gekocht

25. August 1862

Saiblinge unter fließendem Wasser vorsichtig abspülen. Dabei darf der anhaftende Schleim nicht entfernt werden.
In einer ovalen Kasserolle Wasser mit Essig, einigen Zwiebelscheiben, Lorbeerblatt, Salz und Pfefferkörnern aufkochen. Die Saiblinge hineinlegen und bei ganz milder Hitze 10–15 Minuten garziehen lassen.
Dann richtet man die Saiblinge auf vorgewärmter Servierplatte oder Tellern an, garniert mit Petersilie und reicht flüssige Butter oder eine Sauce hollandaise dazu.

6 FRISCHE SAIBLINGE (à CA. 250 g, KÜCHENFERTIG VORBEREITET, ODER FORELLEN), ⅛ l HELLER ESSIG, 1 ZWIEBEL, 1 LORBEERBLATT, 1 EL SALZ, 4–6 PFEFFERKÖRNER, PETERSILIE ZUM GARNIEREN

55. Forellen mit holländischer Soße

17. August 1863

Forellen unter fließendem Wasser sorgfältig abspülen und mit Zitronensaft 20 Minuten marinieren. Danach die Fische in leicht siedendem Salzwasser, dem die gespickte Zwiebel beigefügt wurde, ca. 12–15 Minuten bei milder Hitze garziehen lassen. In der Zwischenzeit eine holländische Soße bereiten, wie sie im Rezept »Lachs auf holländische Art«, Seite 113, angegeben wurde.
Die gegarten Forellen vorsichtig aus dem Wasser heben und auf einer vorgewärmten Servierplatte anrichten. Mit Petersiliensträußchen garnieren und mit der separat gereichten Hollandaise sofort zu Tisch geben.

6 FORELLEN à CA. 200 g (KÜCHENFERTIG VORBER.), SAFT VON 1 ZITRONE, SALZWASSER, 1 ZWIEBEL, MIT 1 LORBEERBLATT UND 2 NELKEN BESTECKT, 1 × »SAUCE HOLLANDAISE« (S. LACHS AUF HOLL. ART), PETERSILIE ZUM GARNIEREN

56. Hecht, im Backofen gegart

25. August 1863

Den Hecht unter fließendem kalten Wasser innen und außen abspülen und trockentupfen. Dann den Fisch innen und außen salzen. Außen dünn mit Sardellenpaste einreiben, salzen und mit feingehackten Kräutern bestreuen. Den Hecht mit Speckscheiben umwickeln.
Sodann wird ein großes Stück Pergamentpapier oder Alufolie dick mit Butter eingepinselt, der Fisch darauf gelegt und mit reichlich Butter beträufelt. Das Papier wie ein Päckchen über dem Hecht verschließen und den Fisch in der Fettpfanne des Backofens bei 200°C (Gas Stufe 3) ca. 1 Stunde garen. 15 Minuten vor Ende der Garzeit das Papier öffnen, damit der Fisch etwas Farbe annimmt. Zum Anrichten wird der Hecht auf einer Servierplatte mit Petersilie garniert.

1 FRISCHER HECHT (3,5 kg, KÜCHENFERTIG VORBEREITET), SALZ, 2 TL SARDELLENPASTE, 1 BUND FRISCHE KRÄUTER, 8 SCHEIBEN FETTER SPECK, BUTTER ZUM BRATEN, 1 BUND PETERSILIE

57. Frische Heringe

14. August 1863

*6 FRISCHE GRÜNE HERINGE,
EINIGE WEIN- ODER SALAT-
BLÄTTER, FRISCHE BUTTER*

Heringfilets sorgfältig von den Gräten lösen und häuten. Filets in 4 cm große Stücke schneiden und auf einer Servierplatte, die mit Wein- oder Salatblättern ausgelegt ist, wieder in ihrer ursprünglichen Form zusammensetzen. Dazu gibt man ganz frische Butter und neue Kartoffeln.

58. Gesottene Krebse

20. September 1863

*36 LEBENDE FLUSSKREBSE, ¹/₂ l
TROCKENER WEISSWEIN,
1 ZWIEBEL, 1 KAROTTE,
¹/₂ LAUCHSTANGE, 4 EL ESSIG,
2 PETERSILIENSTIELE, 6 PFEFFER-
KÖRNER, 1 TL KÜMMEL, 2 EL
SALZ, 1 BUND PETERSILIE*

Flußkrebse unter fließendem Wasser sauber bürsten. In einem großen Topf reichlich Wasser mit Wein, gehackter Zwiebel, gewürfelter Karotte, Lauchringen, Essig, Petersilie, Pfefferkörnern, Kümmel und Salz zum Kochen bringen und 30 Minuten bei mittlerer Hitze köcheln lassen.
Sodann die Krebse in den stark kochenden Sud einlegen und diese zugedeckt 10–15 Minuten bei milder Hitze garziehen lassen.
Zum Anrichten legt man die Krebse pyramidenartig auf eine gefaltete Serviette, garniert mit Petersiliensträußchen und gibt sie heiß zu Tisch.

59. Langusten mit Remouladensoße

26. Februar 1865

*3 LEBENDE LANGUSTEN,
STARKES SALZWASSER, 1 BUND
DILL, 1 FL. KÜMMEL, 3 EIGELB,
1 TL SENF, 1 GUTE PRISE SALZ,
¹/₄ l ÖL, 2 ESSIGGURKEN, 1 BUND
FRISCHE KRÄUTER (PETERSILIE,
DILL, KERBEL ETC.), 2 SAR-
DELLENFILETS, 2 HARTGEKOCHTE
EIER, WEISSER PFEFFER*

Lebende Langusten sorgfältig unter fließendem Wasser bürsten. In einem sehr großen Topf Salzwasser mit Dill und Kümmel zum Kochen bringen. Langusten schnell hineingeben und sofort den Deckel auflegen. Die Schalentiere ca. 25 Minuten bei mäßiger Hitze kochen lassen.
In der Zwischenzeit Eigelb mit Senf und Salz gut verrühren. Eßlöffelweise unter ständigem Rühren das Öl zugeben, bis eine glatte, cremige Masse entstanden ist. Unter die fertige Mayonnaise ganz fein gewürfelte Essiggurken, gehackte Kräuter sowie zerdrückte Sardellenfilets und hartgekochte Eier geben. Die Remouladensoße mit Salz und Pfeffer abschmecken.
Sodann die Langusten aus der Brühe nehmen, längs einmal halbieren und auf einer großen Servierplatte anrichten. Die Remouladensoße separat dazu reichen.

60. Rheinlachs nach Orly-Art

26. Februar 1865

*1 kg FRISCHES LACHSFILET, SAFT
VON 2 ZITRONEN, SALZ, PFEFFER,
1 BUND PETERSILIE, 3 EIER,
¹/₄ l BIER, 2 EL ÖL, 175 g MEHL,
SCHMALZ ZUM AUSBACKEN,
PETERSILIENSTRÄUSSCHEN UND
ZITRONENSCHNITZE ZUM
GARNIEREN*

Das Lachsfilet in portionsgerechte Stücke schneiden und auf eine tiefe Platte legen. Mit Zitronensaft, Salz, Pfeffer und gehackter Petersilie 30 Minuten marinieren. In der Zwischenzeit werden die Eier getrennt. Eigelb mit Bier, Öl und einer kräftigen Prise Salz gut verquirlen, das Mehl darübersieben und locker untermengen. Das Eiweiß zu Schnee schlagen und vorsichtig unterziehen.
In einer tiefen Pfanne erhitzt man reichlich Schmalz, taucht die Fischstücke einzeln in den Pfannkuchenteig und brät sie auf jeder Seite etwa 4 Minuten goldbraun. Die fertigen Filets richtet man auf einer vorgewärmten Platte an und stellt sie so lange warm, bis alle Filets gebraten sind. Sodann garniert man die Platte mit Petersiliensträußchen und Zitronenschnitzen und gibt das Ganze sofort zu Tisch.

61. Rheinlachs nach Genueser Art   10. Mai 1866

Einen schönen großen Lachs mit Zitronensaft beträufeln, 1 Stunde stehen lassen. Unterdessen Zwiebeln, Mohrrüben, Lauchstange und Sellerieknolle klein würfeln und in 25 g Butter kurz anrösten. Dann Rotwein, Essig, etwas Wasser und Lorbeerblätter, Nelken, Pfefferkörner, Petersilie und Thymian zugeben und 45 Minuten kochen lassen. Den Fischsud durchsieben und den marinierten Fisch darin 20–30 Minuten weich dünsten.
Den Fisch auf einer Platte anrichten, mit einer Sauce à la genoise servieren. Dazu Mehl in der übrigen Butter anrösten, mit dem durchgesiebten Fischsud auffüllen und glattrühren. Soße einkochen lassen, mit etwas Zitronensaft und Sardellenpaste abschmecken.

1 Lachs (ca. 2 kg), Saft von 1 Zitrone, 2 Zwiebeln, 2 Karotten, 1 Lauchstange, 1 Sellerieknolle, 50 g Butter, ½ l Rotwein, ¼ l Essig, 2 Lorbeerbl., 4 Nelken, ½ TL Pfefferk., 1 Bd. Petersilie, 2 Zweige Thymian, 2EL Mehl, 2 TL Sardellenpaste

Wildgerichte

62. Gebratenes Gemsenfilet   25. August 1862

Das gehäutete, entsehnte Gemsenfilet in eine ovale Schüssel legen. Karotten- und Zwiebelwürfel, Lorbeerblatt, Wacholderbeeren und Pfefferkörner zugeben, mit Rotwein und Essig übergießen und das Fleisch zugedeckt 4–6 Stunden kühl stellen. Dann nimmt man das Filetstück heraus, trocknet es ab und reibt es mit Salz und Pfeffer ein. Öl in einem Bräter erhitzen, das Gemsenfilet ringsum bei starker Hitze (240°, Gas Stufe 5) 15 Minuten anbraten. Gemüsewürfel und Gewürze von der Marinade und zerbröckeltes Schwarzbrot 5 Minuten mit anbraten. Jetzt wird die Hälfte der Marinadenflüssigkeit dazu gegossen und das Filet bei reduzierter Hitze (200°, Gas Stufe 3) noch 40 Minuten gebraten. Während dieser Zeit beschöpft man das Fleisch mehrmals mit saurer Sahne.
Das fertig gebratene Filet noch 10 Minuten im abgeschalteten Ofen ruhen lassen. In dieser Zeit den Bratfond durchpassieren, eventuell mit etwas Rotwein oder Wasser verlängern und abschmecken.
Das Gemsenfilet in Schrägscheiben schneiden, Scheiben auf einer vorgewärmten Platte anrichten. Mit wenig Soße übergossen servieren. Die übrige Soße sowie Preiselbeerkompott oder Johannisbeergelee werden extra dazu gereicht.

1500 g Gemsenfilet (küchenfertig vorbereitet), 1 Karotte, 1 Zwiebel, 1 Lorbeerblatt, je 4 Wacholderbeeren und Pfefferkörner, ½ l trockener Rotwein, ⅛ l Essig, Salz, Pfeffer, 6 EL Öl, 1 Scheibe trockenes Schwarzbrot, ¼ l saure Sahne, Preiselbeerkompott oder Johannisbeergelee

63. Gebratene Gemse   19. Oktober 1863

Zutaten und Zubereitung siehe gebratenes Gemsenfilet, Seite 115. Statt des teuren Gemsenfilets kann man allerdings hierbei auf Schulter- oder Keulenstücke zurückgreifen. Allerdings verlängert sich dann die Bratzeit um 20–30 Minuten je nach Größe und Dicke des betreffenden Fleischstückes.

64. Rehfilets auf Finanzmannart   17. August 1863

Das Rehfilet wie im Rezept unten angegeben zubereiten. Nebenher für die Garnitur das Kalbfleisch mit Ei und Gewürzen zu einem Teig verkneten und zu Klößchen formen. Diese mit den gut abgetropften Champignonköpfen zusammen in Butter braun braten. Die Oliven abtropfen lassen, die Trüffelknolle in hauchdünne Scheiben schneiden.
Das fertig gebratene Rehfilet in schräge Scheiben schneiden und wieder zur Form zusammengesetzt auf einer vorgewärmten Servierplatte anrichten. Mit Klößchen, Champignonköpfen, Trüffelscheibchen und Oliven umlegen. Die Wildsoße separat dazu reichen.

65. Gebratenes Rehfilet   16. August 1863

Rehfilets sorgfältig häuten und entsehnen. Mit Olivenöl bepinseln, mit Pfeffer und Wacholderbeeren einreiben und 2–3 Stunden zugedeckt kühl stellen. Inzwischen in Öl die grobzerhackten Rehknochen, die häutigen Abfälle, das zerkleinerte Suppengrün und die Gewürze scharf anbraten. Mit Rotwein ablösen und das Ganze 45 Minuten zugedeckt bei milder Hitze durchschmoren lassen. Danach die Brühe durch ein Sieb gießen.
Rehfilets in heißem Öl rundum 12 Minuten braun anbraten. Im Innern soll das Fleisch noch etwas rosé sein. Dann die Filets herausnehmen und warm stellen. Bratfond mit Wildbrühe, saurer Sahne und Weinbrand 3 Minuten kräftig durchkochen, mit Salz und Pfeffer abschmecken.
Rehfilets in schräge Scheiben schneiden, zur Form zusammengesetzt auf einer vorgewärmten Platte anrichten. Mit etwas Wildbratensoße übergossen servieren. Die übrige Soße separat dazu reichen.

66. Rehbraten   1. November 1863

Rehfleisch mit Öl, Pfeffer und Wacholderbeeren einreiben, 2 Stunden zugedeckt stehen lassen.
Öl in einem Bräter erhitzen, das Rehfleisch hineingeben und ringsum bei starker Hitze braun anbraten. Rehknochen, zerkleinertes Suppengrün und Gewürze 5 Minuten mitbraten. Dann Rotwein zugießen und den Bräter zugedeckt in den Backofen (220°, Gas Stufe 4) schieben. Die Bratzeit beträgt ca. 1¹/₂ Stunden. Während dieser Zeit den Rehbraten mehrmals mit Sahne übergießen.
Ist der Braten schön weich, Bratfond durchpassieren, mit Fleischbrühe auf ³/₈ l Flüssigkeit auffüllen. Bratensoße mit Salz und Pfeffer abschmecken. Rehbraten in Scheiben schneiden, auf eine vorgewärmte Platte legen und mit wenig Bratensoße übergießen.
Die übrige Soße extra dazu reichen. Außerdem gibt man gerne zu Wild Johannisbeergelee, das man in gedünstete Birnenhälften gefüllt hat.

67. *Grenadins von Wild auf Finanzmannart*   12. Oktober 1863

Zutaten und Zubereitung siehe Rehfilets auf Finanzmannart, Seite 116. Statt des angegebenen Rehfilets kann man auch Hasenfilet oder ein entsprechendes Stück vom Wildschwein verwenden.

68. *Junghasenbraten*   10. Mai 1866

Den Hasen unter fließendem Wasser gründlich abspülen und trockentupfen. Hasenrücken und Hinterschenkel mit gekühlten Speckstreifen spicken. Hase mit Salz und Pfeffer ringsum einreiben. In einer Bratpfanne im Backofen (220°, Gas Stufe 4) die Butter hellbraun werden lassen. Den Hasen mit dem Rücken nach oben hineinlegen, zerkleinertes Gemüse und Lorbeerblatt zugeben und den Hasen unter häufigem Begießen 20–30 Minuten braten. Gegen Ende der Bratzeit mit saurem Rahm beschöpfen. Gebratenen Hasen im offenen Backofen noch 5 Minuten ruhen lassen. Inzwischen den Bratfond mit Rotwein und Zitrone aufkochen, durchpassieren und abschmecken.
Hasenbraten auf vorgewärmter Platte anrichten, mit wenig Soße begießen und die übrige Soße getrennt dazu servieren.

1 JUNGER HASE (CA. 2 kg, BRAT-FERTIG VORBEREITET), 100 g FETTER SPECK ZUM SPICKEN, SALZ, PFEFFER, 200 g BUTTER, 1 MOHR-RÜBE, 1 ZWIEBEL, 1 LORBEER-BLATT, ¼ l SAURE SAHNE, ETWAS ROTWEIN, SAFT VON 1 ZITRONE

69. *Grenadins vom Reh à la Pahlen*   26. Februar 1865

Das Rehfleisch durch die feine Scheibe des Fleischwolfs drehen. Räucherspeck fein würfeln und in Butter auslassen. Geputzte, gehackte Champignons, gewürfelte Schalotten und gehackte Petersilie zugeben, alles zusammen 5 Minuten dünsten. Abgekühlt zusammen mit den Eiern und dem eingeweichten, fein zerpflückten Brötchen zu dem Rehfleisch geben. Die Masse gut vermischen, mit Salz, Pfeffer, Lorbeerblatt, zerdrückten Wacholderbeeren und Cognac würzen. Aus dieser Masse ovale Frikadellen formen, diese mit Zungenstreifen spicken. Die Frikadellen in Mehl wenden, in verquirltem Eiweiß wälzen und mit Bröseln panieren. Grenadins in Öl bei mittlerer Hitze auf beiden Seiten 15 Minuten goldbraun braten. Dann herausnehmen und warmstellen. Den Bratenfond mit Rotwein und Sahne loskochen, mit Speisestärke binden. Die Grenadins vom Reh auf einer vorgewärmten Platte erhaben anrichten. Die Rahmsoße separat dazu reichen.

750 g REHFLEISCH, 75 g RÄUCHERSPECK, 50 g BUTTER, 100 g CHAMPIGNONS, 2 SCHALOTTEN, 3 EL PETERSILIE, 2 EIER, 1 ALTB. BRÖTCHEN, SALZ, PFEFFER, 1 ZERR. LORBEERBLATT, 2–3 WACHOLDERBEEREN, 2 cl COGNAC, 75 g GEK. RINDER-ZUNGE, MEHL, 2 EIWEISS, SEMMELBRÖSEL, 6 EL ÖL, ¼ l TROCK. ROTWEIN, ⅛ l SÜSSE SAHNE, 2 TL SPEISESTÄRKE

Geflügel

70. Gegrillte Hähnchen

29. Juli 1863

2 GR. HÄHNCHEN à 1–1,2 kg (BRATFERTIG VORBER.), SALZ, PFEFFER, 1 BUND ROSMARIN, ½ TASSE ÖL, 2 TL PAPRIKA EDELSÜSS, BRUNNENKRESSE ODER PETERSILIE

Die Hähnchen innen und außen mit Salz und Pfeffer einreiben. In den Bauchraum einige Zweige Rosmarin geben. Hähnchen sorgfältig dressieren, auf einen Grillspieß stecken und mit Öl, das mit Paprika verrührt wurde, bepinseln. Dann läßt man die Hähnchen unterm heißen Grill in ca. 40 Minuten knusprig braun werden. Zwischendurch bepinselt man das Fleisch, damit es schön saftig bleibt.
Die gegrillten Hähnchen auf einer vorgewärmten Servierplatte anrichten und mit Brunnenkresse oder Petersilie garniert servieren.

71. Gebratener Truthahn

12. Oktober 1860

1 TRUTHAHN (CA. 3 kg, BRATFERTIG VORBEREITET), SALZ, PFEFFER, BASILIKUM, THYMIAN, 100 g DÜNNGESCHN. FETTE SPECKSCHEIBEN, 2 KAROTTEN, 2 MITTELGR. ZWIEBELN, 6 EL ÖL, 50 g BUTTER, 0,2 l TROCK. WEISSWEIN, 1–2 EL SÜSSE SAHNE, 2 TOMATEN, 1 BUND PETERSILIE

Der Truthahn wird innen und außen sorgfältig unter Wasser abgespült und trockengetupft. Dann reibt man ihn mit Salz, Pfeffer, Basilikum und Thymian ein. Auf die Brust bindet man die Speckscheiben. So trocknet der Braten nicht aus. Karotten und Zwiebeln schälen und in Stücke schneiden. In einem großen Bräter oder der Fettpfanne des Backofens wird das Öl erhitzt. Truthahn, geschnittenes Gemüse und die Innereien des Geflügels (Magen, Hals etc.) hineinlegen und bei 220°, Gas Stufe 4 ringsum braun anbraten.
Nach 30–40 Minuten wird das Geflügel mit flüssiger Butter bepinselt und die Hitze auf 200°, Gas Stufe 3 reduziert. Insgesamt wird der Truthahn 2½–3 Stunden gegart, währenddessen sollte er immer wieder mit Butter übergossen werden.
Den knusprig braun gebratenen Truthahn richtet man auf einer vorgewärmten Servierplatte an. Der Bratfond wird mit Weißwein losgekocht, durchpassiert und mit süßer Sahne gebunden.
Als Garnitur verwendet man Tomatenhälften und Petersiliensträußchen, die Soße wird separat beigegeben.

72. Gebratene Koteletts von jungen Tauben

16. August 1863

3 JUNGE TAUBEN (BRATFERTIG VORBER.), SALZ, PFEFFER, 50 g BUTTER, 3 EIGELB, CA. 100 g SEMMELBRÖSEL, 6 EL ÖL, 2 EL BUTTER, 6 GERÖST. BROTSCHEIBEN

Die Tauben längs halbieren und bis auf das Schenkelbeinchen, das als »Kotelettstiel« dran bleibt, von den Knochen lösen. Die Täubchen salzen, pfeffern und beidseitig mit flüssiger Butter bepinseln. 15 Minuten stehen lassen.
Dann in Eigelb wenden und in Semmelbröseln wälzen. Die Panade leicht andrücken. Öl in einer großen Pfanne erhitzen, Butter darin aufschäumen lassen und die Taubenkoteletts auf beiden Seiten ca. 12 Minuten goldbraun braten. Auf gerösteten Brotscheiben anrichten und die Taubenkoteletts mit dem Bratfond beträufeln. Sogleich zu Tisch geben.

73. *Pute mit Reis auf italienische Art*   1. Januar 1862

Die Babypute innen und außen salzen, mit wenig Zitronensaft beträufeln und mit Butter bepinseln. Zwiebeln, Mohrrüben und Lauchstange in Scheiben schneiden und mit gewürfeltem Speck zusammen anrösten. Dann gibt man kräftige Fleischbrühe dazu, legt die Pute hinein und läßt diese bei mittlerer Hitze ca. 90 Minuten zugedeckt schmoren.

In der Zwischenzeit gart man den Langkornreis mit einer gespickten Zwiebel in soviel Hühnerbrühe, daß diese fingerbreit über dem Reis steht. Dann wird die Hälfte Reis locker in einer heißen Schüssel angerichtet, die zerteilte Pute obenauf gelegt und mit dem übrigen Reis bedeckt. Ein wenig von durchpassierter Hühnerbrühe darübergießen und das Gericht zu Tisch geben. Geriebenen Parmesankäse extra dazu reichen.

1 BABYPUTE (CA. 2 kg), SALZ, SAFT VON 1 ZITRONE, 50 g BUTTER, 3 ZWIEBELN, 2 MOHRRÜBEN, 1 STANGE LAUCH, 125 g RÄUCHERSPECK, 1 l FLEISCHBRÜHE, 375 g LANGKORNREIS, 1 ZWIEBEL, MIT 2 LORBEERBLÄTTERN UND 4 NELKEN GESPICKT, CA. 3/4 l HÜHNERBRÜHE, GERIEB. PARMESAN

74. *Wildentenragout mit Oliven*   20. September 1863

Die Wildenten innen und außen unter fließendem Wasser abspülen, trockentupfen, mit Zitronensaft, Salz und Pfeffer einreiben.

Speck würfeln. Zwiebeln und Karotten schälen und grob hacken. Lauch in Ringe schneiden. Öl in einer Kasserolle erhitzen, Speck, Gemüsewürfel, Lorbeerblätter und Pfefferkörner hineinstreuen. Die Wildenten darauflegen, mit Rotwein übergießen und das Ganze zugedeckt bei milder Hitze ca. 1 Stunde schmoren. Sind die Wildenten weich, werden diese aus der Kasserolle genommen und warm gestellt. Dann gießt man den Bratfond durch ein Sieb, füllt mit braunem Jus auf und kocht die Soße einmal kräftig auf. Die Oliven werden in Scheiben geschnitten in die Soße gegeben.

Zum Anrichten teilt man die Wildenten in mundgerechte Stücke, legt diese in eine vorgewärmte Ragoutschale und gießt die pikant abgeschmeckte Olivensoße darüber.

2 WILDENTEN (BRATFERTIG VORBER.), SAFT VON 1 ZITRONE, SALZ, PFEFFER, 50 g GERÄUCH. SPECK, 2 ZWIEBELN, 2 KAROTTEN, 1 STANGE LAUCH, 4 EL ÖL, 2 LORBEERBLÄTTER, 6 PFEFFERKÖRNER, 1/2 l ROTWEIN, 1/2 l BRAUNER JUS (S. 123), 75 g ENTSTEINTE OLIVEN

75. *Taubenbrüstchen*   12. Oktober 1863

Taubenbrüstchen leicht breit klopfen, beidseitig mild salzen und mit etwas flüssiger Butter bepinselt 15 Minuten stehen lassen.

Champignons putzen und waschen. Schalotten ganz fein hacken. 50 g Butter in einer Kasserolle erhitzen, Schalotten und Pilze hineingeben und bei milder Hitze 12 Minuten braten. Inzwischen 50 g Butter in einer schweren Pfanne erhitzen und die Taubenbrüstchen darin auf beiden Seiten bei mittlerer Hitze ca. 8 Minuten sautieren. Sodann werden die Brüstchen herausgenommen und warm gestellt. Gedünstete Champignons zum Bratfond geben, Madeira und braunen Fond zugießen und kurz aufkochen lassen. Das Pilzragout mit Salz und Pfeffer abschmecken.

Nebenher röstet man die diagonal halbierten Brotscheiben in der restlichen Butter goldgelb an. Zum Anrichten legt man die Brotdreiecke kranzförmig auf eine vorgewärmte Servierplatte und gibt je ein Taubenbrüstchen darauf. Diese bepinselt man mit wenig Bratensoße, damit sie einen schönen Glanz erhalten. Sodann füllt man das Champignonragout in die Mitte und gibt das Ganze sofort zu Tisch.

12 AUSGELÖSTE BRÜSTCHEN VON JUNGEN TAUBEN, SALZ, 150 g BUTTER, 250 g FRISCHE, MÖGLICHST KLEINE CHAMPIGNONS, 2 SCHALOTTEN, 1/4 l MADEIRA, 1/8 l BRAUNER FOND (S. 123), PFEFFER, 6 SCHEIBEN ENTRINDETES WEISSBROT

2 BRATFERT. HÄHNCHEN à
CA. 1 KG, SALZ, PFEFFER, 50 G
BUTTER, 2 ZWIEBELN, 1 KAROTTE,
100 G RÄUCHERSPECK, 3 EL ÖL,
½ L TROCK. WEISSWEIN, 375 G
LANGKORNREIS, 1 ZWIEBEL, MIT
2 LORBEERBLÄTTERN UND 4 NEL-
KEN GESPICKT, CA. ¾ L HÜHNER-
BRÜHE, 1 BUND PETERSILIE

76. *Hähnchen auf Reis*   19. Oktober 1863

Die Hähnchen innen und außen salzen und pfeffern und mit flüssiger Butter bepinseln. Zwiebeln und Karotte schälen und fein würfeln. Speck in dünne Streifen schneiden. Zwiebeln, Karotte und Speck in Öl gelb anrösten, Hähnchen hineingeben und rundum bei großer Hitze braun anbraten. Sodann gießt man mit Weißwein auf, deckt die Kasserolle zu und läßt die Hähnchen im Backofen (200°, Gas Stufe 3) 45 Minuten schmoren.
Inzwischen gart man den Reis mit der gespickten Zwiebel in soviel Hühnerbrühe, daß diese fingerbreit über dem Reis steht.
Danach richtet man den Reis locker in einer Servierschüssel an, legt die Hähchen obenauf und bestreut das Ganze mit gehackter Petersilie. Den Bratfond schmeckt man mit Salz und Pfeffer kräftig ab und serviert ihn extra in einer Sauciere.

2 NICHT ZU FETTE SUPPEN-
HÜHNER O. POULARDEN, SALZ-
WASSER, 75 G BUTTER, 1 ZWIEBEL,
1 BUND PETERSILIE, ETWAS ZI-
TRONENSCHALE, 75 G BUTTER,
60 G MEHL, 2 EIGELB, 200 G
SÜSSE SAHNE, SAFT VON
1 ZITRONE, SALZ

77. *Hühnerfrikassee*   1. November 1863

Die Suppenhühner unter fließendem Wasser innen und außen abspülen. Das Geflügel in Salzwasser 30 Minuten bei mittlerer Hitze köcheln lassen. Dann nimmt man die Hühner heraus und zerlegt sie wie folgt in die zwei Schlegel, die zwei Flügel und die Bruststückchen.
In einer Kasserolle die Butter zerlassen, Geflügelteile, ganze geschälte Zwiebel, Petersilienbund und Zitronenschale hineinlegen und mit ½ l Geflügelbrühe auffüllen. Das Ganze bei milder Hitze ziehen lassen.
Nebenher aus Butter, Mehl und ½ l Geflügelbrühe eine helle Schwitze rühren, diese über die Geflügelteile gießen. Ist das Hühnerfleisch weich, werden die einzelnen Teile in einer Ragoutschüssel gefällig angeordnet. Die helle Soße wird mit Eigelb und Sahne legiert und mit Zitronensaft und Salz abgeschmeckt. Dann gießt man sie durch ein Haarsieb über das Geflügel und bringt das Hühnerfrikassee sogleich zu Tisch.

2 JUNGE FASANE (BRATFERTIG
VORBER.), SALZ, PFEFFER,
350 G CHAMPIGNONS, EVTL.
1 TRÜFFELKNOLLE, 250 G RÄU-
CHERSPECK, 1 ZWIEBEL, 1 BUND
PETERSILIE, MUSKAT, JE 1 MSP.
THYMIAN UND MAJORAN, 1 ZER-
REBELTES LORBEERBLATT, ¼ L
MADEIRA, ⅒ L COGNAC, 4 DÜNNE
FETTE SCHEIBEN SPECK, 75 G
BUTTER, 1 ZITRONE,
1 BUND KRESSE

78. *Gebratene junge Fasane*   25. August 1864

Fasane gründlich auswaschen, innen und außen salzen und pfeffern.
Champignons, evtl. die Trüffelknolle, Räucherspeck, Zwiebel und Petersilie feinhacken und in einer Pfanne glasig anschwitzen. Mit den Gewürzen würzen, Madeira und Cognac zugießen. Diese Mischung so lange köcheln lassen, bis die ganze Flüssigkeit verdunstet ist. Dann die Fasane mit der abgekühlten Farce füllen und mit Speck umwickeln. Die Fasane auf den Rost mit untergeschobener Fettpfanne legen, mit Butter bepinseln und im Backofen (220°, Gas Stufe 4) 35–40 Minuten, eventuell auch länger knusprig braun braten.
Zwischendurch pinselt man die Fasane immer wieder mit Butter ein. 5 Minuten vor Ende der Bratzeit entfernt man die Speckstreifen, damit auch die Brüstchen Farbe annehmen.
Die Fasane werden auf vorgewärmter Platte angerichtet und mit Zitronenvierteln und Kresse garniert. Den Bratfond, der mit etwas Wasser oder Rotwein losgekocht wurde, serviert man extra dazu.

79. Geflügelbrüstchen mit Pökelzunge

25. August 1864

Die vorbereiteten Geflügelbrüstchen mit einigen Streifen Rinderzunge spicken, beidseitig mit Pfeffer und Muskat würzen und mit Zitrone beträufeln. Öl und Butter in einer Pfanne erhitzen und die Geflügelbrüstchen darin auf beiden Seiten 10–12 Minuten goldbraun braten.
Inzwischen das Weißbrot toasten, dünn mit Butter bestreichen und mit der übrigen gehackten Zunge bestreuen. Die weiße Soße bei milder Hitze erwärmen und mit Eigelb binden, mit Salz und Pfeffer würzen.
Pfeffer würzen.
Die heißen Geflügelbrüstchen werden auf die Toastscheiben gelegt, mit Geflügel-rahmsoße überzogen und mit Petersiliensträußchen garniert sofort zu Tisch gebracht.

6 GR. GEFLÜGELBRÜSTCHEN (HUHN, TRUTHAHN), 250 g GEPÖKELTE GEKOCHTE RINDERZUNGE, PFEFFER, MUSKAT, SAFT VON 1 ZITRONE, 3 EL ÖL, 2 EL BUTTER, 6 SCHEIBEN WEISSBROT, BUTTER, 1/4 1 WEISSE SOSSE (SIEHE SEITE 124), 1–2 EIGELB, SALZ, PETERSILIE

80. Gebratene Rebhühner

25. August 1863

Da Rebhühner in unserer Zeit nicht mehr im Handel erhältlich sind, empfiehlt es sich, auf Fasane, die in Aussehen und Geschmack den Rebhühnern verwandt sind, auszuweichen. Zutaten und Zubereitung von gebratenen Fasanen finden Sie auf Seite 120.

ZUTATEN VON GEBRATENEN FASANEN FINDEN SIE AUF SEITE 120

81. Gebratene Hühner

27. August 1864

Die vorbereiteten Poularden unter fließendem Wasser innen und außen abspülen und trockentupfen. Die geschmeidige Butter mit gehackter Petersilie, Salz und Pfeffer verkneten und die Poularden innen damit bestreichen. Das Geflügel außen mit Salz und Pfeffer bestreuen und dressieren. Dann auf einen geölten Bratrost legen und je nach Größe im vorgeheizten Bratrohr (200°, Gas Stufe 3) 60–90 Minuten knusprig braun braten. Zwischendurch mehrmals mit Öl bepinseln. Die fertigen Hühner werden auf vorgewärmter Servierplatte angerichtet und mit Zitronenscheiben und Petersilie garniert zu Tisch gebracht.

1–2 SCHÖNE POULARDEN (BRATFERTIG VORBEREITET), 50 g BUTTER, 1 BUND PETERSILIE, SALZ, PFEFFER, ÖL ZUM BEPINSELN, ZITRONENSCHEIBEN UND PETERSILIE ZUM GARNIEREN

82. Kapaun** auf Regensburger Art

26. Februar 1865

Das vorbereitete Masthuhn innen und außen mit Salz und Pfeffer einreiben, 2 Stunden ruhen lassen. Für die Füllung geputzte Champignons, 1 Trüffelknolle, gekochten Schinken, Schalotten und Petersilie feinhacken und in einer Pfanne glasig anschwitzen. Mit Muskat, Thymian und Basilikum würzen, Weißwein, Cognac und Trüffelfond zugießen. Alles so lange köcheln lassen, bis die Flüssigkeit verdampft ist. Das Masthuhn mit der abgekühlten Füllung stopfen und mit Speckscheiben umwickeln. Dann das Masthuhn auf einen Spieß stecken, mit flüssiger Butter bepinseln und im Grill ca. 60 Minuten goldbraun rösten. Mehrmals mit Butter bepinseln. Das knusprige Masthuhn wird auf einer vorgewärmten Platte angerichtet und mit Kressebüscheln umlegt serviert.

1 MASTHUHN O. POULARDE (CA. 1,5 kg, BRATFERTIG VORBER.), SALZ, PFEFFER, 250 g FR. CHAMPIGNONS, 2 TRÜFFELKNOLLEN (DOSE), 150 g GEK. SCHINKEN, 2 SCHALOTTEN, 1 BUND PETERSILIE, MUSKAT, JE 1 MSP. THYMIAN U. BASILIKUM, 1/8 1 WEISSWEIN, 4 cl COGNAC, 3 GR. FETTE SPECKSCHEIBEN, 75 g BUTTER, 2 BEETE KRESSE

** Kapaun = junger, kastrierter, gemästeter Hahn von 1,5–2 kg Gewicht. Ersatzweise: Masthuhn oder große Poularde.

83. *Kapaune auf Finanzmannart* 28. August 1864

1 × REZEPT GEBRAT. KAPAUN, GARNITUR: 175 g DURCHGEDR. KALBFLEISCH, 1 EI, SALZ, PFEFFER, MUSKAT, 1 KL. DOSE CHAMPIGNONKÖPFE, 75 g BUTTER, 10–14 OLIVEN

Das Geflügel zubereiten wie im Rezept angegeben. Nebenher für die Garnitur Finanzmannart das Kalbfleisch mit Ei und Gewürzen zu einem Teig verkneten und zu Klößchen formen. Diese mit den gut abgetropften Champignonköpfen zusammen in Butter braun braten. Die Oliven abtropfen lassen, die Trüffelknolle in hauchdünne Scheibchen schneiden. Das fertig gebratene Geflügel auf einer großen Servierplatte anrichten, mit Klößchen, Champignonköpfen, Trüffelscheiben und Oliven umlegen. Die Soße extra beigeben.

84. *Gebratener Kapaun*** 10. Mai 1866

1 MASTHUHN O. POULARDE (CA. 1,5 kg, BRATFERTIG VORBER.), SALZ, PFEFFER, 3 GR. FETTE SPECKSCHEIBEN, 75 g BUTTER, 1/8 l WEISSWEIN, 1/8 l WEISSER FOND (SEITE 124), BRUNNENKRESSE

Das vorbereitete Masthuhn innen und außen mit Salz und Pfeffer einreiben, 2 Stunden ruhen lassen. Dann Speckscheiben auf die Hühnerbrust binden und das Huhn dressieren. Das Masthuhn auf einen gefetteten Rost legen und mit untergeschobener Fettpfanne im Backofen (200°, Gas Stufe 3) gut 45 Minuten knusprig braun braten. Zwischendurch mehrmals mit Butter begießen. Zum Ende der Bratzeit die Speckscheiben entfernen, damit das Geflügel auch dort schön braun wird.
Für die Soße Bratfond mit Weißwein und weißem Fond kurz aufkochen und mit Salz und Pfeffer fein abschmecken.
Das Masthuhn auf einer vorgewärmten Platte anrichten, mit frischer Brunnenkresse umlegen. Die Soße extra beigeben.

85. *Fasane auf böhmische Art* 26. Februar 1865

2 JUNGE FASANE (BRATFERTIG VORBER.), SALZ, PFEFFER, 1 GÄNSELEBER, 2 SCHALOTTEN, 1/4 l MADEIRA, 150 g RÄUCHERSPECK, 1 BUND PETERSILIE, JE 1 MSP. THYMIAN U. MAJORAN, 2 cl COGNAC, 2 TRÜFFELKNOLLEN (DOSE), 4 DÜNNE SCHEIBEN FETTER SPECK, 75 g BUTTER, PETERSILIE

Fasane innen und außen gründlich abspülen, salzen und pfeffern.
Die Gänseleber mit gehackten Schalotten in Madeira 10 Minuten bei milder Hitze ziehen lassen. Gänseleber erkalten lassen, ganz fein hacken. Räucherspeck in feine Würfel schneiden, mit gehackter Petersilie in einer Pfanne auslassen. Thymian, Majoran, Cognac, Trüffelfond und Madeira zugießen und das Ganze so lange köcheln lassen, bis die gesamte Flüssigkeit verdampft ist. Abgekühlt mit der Gänseleber und in dünne Scheibchen geschnittenen Trüffeln mischen. Diese Farce in die Fasane füllen, Fasane mit Speckscheiben umwickeln.
Sodann das Geflügel auf einen Spieß stecken, mit flüssiger Butter bepinseln und im Grill ca. 30 Minuten knusprig braun rösten. Zwischendurch immer wieder mit Butter bepinseln. Dann richtet man die Fasane auf einer vorgewärmten Platte an, garniert mit Petersilienbouquets und serviert sie unverzüglich.

** Kapaun = junger, kastrierter, gemästeter Hahn von 1,5–2 kg Gewicht. Ersatzweise: Masthuhn oder große Poularde.

Brühen, Fonds, Saucen

Nachfolgende Rezepte sind Grundlagen einer guten Küche. So sollten eine kräftige Brühe oder ein klarer Fond stets auf Vorrat zubereitet werden, um jederzeit bei Bedarf Verwendung zu finden.

86. Klare Fleischbrühe

Rinderknochen waschen und mit kaltem Wasser bedeckt einmal aufkochen lassen. Dann das Wasser abgießen, Knochen erneut abspülen und mit 2,5 l frischem Wasser aufsetzen. Das Wasser zum Kochen bringen, Rindfleisch hineinlegen. Die Brühe 45 Minuten bei milder Hitze köcheln lassen, dabei den weißen Schaum, der sich auf der Oberfläche bildet, mehrmals abschöpfen.

Inzwischen Karotten, Lauch und Sellerie schälen, mit Kräuterzweiglein und Lorbeerblatt zu einem Bündel zusammenbinden. Gemüse und Gewürze in die Brühe geben. Die ungeschälte Zwiebel waagrecht halbieren und die Schnittflächen auf der heißen Herdplatte bräunen. Ebenfalls in die Brühe geben. Die Fleischbrühe insgesamt ca. 2½ Stunden köcheln lassen. Danach das Fleisch herausnehmen und die Brühe durch ein Haarsieb gießen. Fleischbrühe erkalten lassen.

Brühe entfetten: Dazu nimmt man von der völlig erkalteten Fleischbrühe mittels Schaumlöffel das weiße Fett auf der Oberfläche vorsichtig ab.

doppelte = Kraftbrühe: Stücke von 1 Karotte, ½ Lauchstange und 1 Zwiebel sowie 1 Lorbeerblatt, 1 frisches Eiweiß und einige Eiswürfel in einem Topf vermischen. Erkaltete Fleischbrühe zugießen und die Brühe unter häufigem Umrühren einmal aufwallen lassen, sodann bei milder Hitze 30 Minuten köcheln lassen. Die so geklärte und konzentriert eingekochte Brühe durch ein Mulltuch gießen und nach Bedarf weiterverwenden.

Geflügelbrühe: Die Zubereitung entspricht der »klaren Fleischbrühe«, statt Rindfleisch und Rinderknochen nimmt man 1 Suppenhuhn und Kalbsknochen.

500 g RINDFLEISCH (BRUST, BEINSCHEIBE), 5 RINDERKNOCHEN, 2 KAROTTEN, 1 STANGE LAUCH, ¼ SELLERIEKNOLLE, JE 1 ZWEIG FRISCHER THYMIAN, KERBEL UND PETERSILIE, 1 LORBEERBLATT, 6–8 PFEFFERKÖRNER, 2 NELKEN, 1 TL SALZ, 1 ZWIEBEL

87. Brauner Jus oder Fond

Kalbfleisch in Würfel schneiden, die Knochen waschen. Einen Bräter mit Butter einfetten, Fleischwürfel und Knochen hineingeben und bei starker Hitze im Backofen (220°, Gas Stufe 4) unter häufigem Wenden braun anbraten.

Nebenher Karotte und Zwiebel in Scheiben schneiden, zusammen mit dem Kräuterbündel, der Schwarte und den angebratenen Fleischwürfeln sowie den Knochen in eine Kasserolle geben. Alles bei geringer Hitze 10 Minuten leicht anbraten. Dann ⅛ l Fleischbrühe zugießen und den Bratensatz am Boden der Kasserolle damit lösen. Erneut weiterköcheln lassen und noch zweimal mit Brühe ablöschen, wenn nur noch ganz wenig Flüssigkeit in der Kasserolle vorhanden ist. Dann mit der übrigen Brühe auffüllen und die Flüssigkeit bei milder Hitze ca. 4 Stunden köcheln lassen. Dabei öfter den Schaum auf der Oberfläche abnehmen. Anschließend den braunen Jus oder Fond durch ein Haarsieb gießen und – wenn nötig, nach Erkalten entfettet – bis zur Verwendung kühl aufbewahren.

375 g KALBFLEISCH (HALS, BRUST), 250 g KALBSKNOCHEN, 50 g BUTTER, 1 KAROTTE, 1 ZWIEBEL, 1 ZWEIG THYMIAN, EINIGE PETERSILIENSTENGEL, 1 LORBEERBLATT, 75 g FRISCHE SCHWARTE, 1 l EINFACHE FLEISCHBRÜHE

88. Weißer Jus oder Fond

Zutaten und Zubereitung entsprechen dem »braunen Jus oder Fond«, allerdings werden Kalbfleisch und -knochen nicht angeröstet, sondern mit dem Gemüse und den Gewürzen zusammen aufgesetzt. Während des Einkochens darf die Fleischbrühe keine Farbe annehmen. Der weiße Jus soll klar und von heller Farbe sein.

89. Braune oder spanische Sauce

35 g FRISCHER SPECK,
1 KLEINE KAROTTE,
1 MITTELGROSSE ZWIEBEL,
1/2 LORBEERBLATT,
1 ZWEIG FRISCHER THYMIAN,
1 WEINGLAS TROCKENER WEISS-
WEIN, 40 g BUTTER, 50 g MEHL,
3/8 l BRAUNER FOND,
1 EL TOMATENMARK

Speck, Karotte und Zwiebel in kleine Würfel schneiden und mit den Gewürzen zusammen in einer Pfanne so lange rösten, bis alles eine bräunliche Farbe angenommen hat. Mit Weißwein ablöschen.
Nebenher die Butter in einer zweiten Kasserolle erhitzen. Das Mehl auf einmal zufügen und alles gut vermischen. Diese Einbrenne bei milder Hitze etwa 15 Minuten rühren, bis sie eine braune Farbe angenommen hat. Dann die abgelöschten Speck- und Gemüsewürfel zufügen, den braunen Fond zugießen und alles gut durchrühren. Die Sauce bei ganz milder Hitze ca. 2 Stunden köcheln lassen, sodann durch ein Haarsieb passieren. Das Tomatenmark hineinrühren und die braune Sauce noch 1 Stunde köcheln lassen. Die fertige Sauce während des Erkaltens häufig umrühren, damit sich keine Haut bildet. Kühl aufbewahren!

90. Braune Kraftsauce oder Demi-glace

Dafür wird die fertige braune Sauce um ein Drittel eingekocht und dann mit wenig braunem Fond wieder verdünnt. Kraftsauce mit Schuß Madeira abschmecken.

91. Weiße oder Samtsauce

40 g BUTTER,
50 g MEHL,
3/8 l WEISSER FOND

Die Butter in einer Kasserolle erhitzen. Das Mehl auf einmal zufügen und gut mit dem Fett vermischen. Die Einbrenne unter Rühren bei milder Hitze gelblich werden lassen. Einbrenne etwas abkühlen lassen.
Weißen Fond in einem zweiten Topf erhitzen. Einen Teil des Fonds zu der Einbrenne gießen und alles zu einer glatten Creme rühren. Die übrige Flüssigkeit zufügen und die Sauce unter ständigem Rühren erhitzen. Die weiße Sauce ca. 1½ Stunden bei milder Hitze köcheln lassen. Danach durch ein feines Sieb gießen und unter häufigem Rühren erkalten lassen. Kühl aufbewahren.

92. Deutsche Sauce

Wie die braune Kraftsauce wird die weiße Sauce um ein Drittel eingekocht. Währenddessen verrührt man 2–3 sauber abgelassene Eigelb mit 2 EL süßer Sahne sowie einer Prise weißem Pfeffer und Muskatnuß. Dann rührt man 2–3 EL von der weißen Sauce unter. Diese Eigelbmischung in die heiße, nicht kochende weiße Sauce rühren und die legierte Sauce unter kräftigem Schlagen bis kurz unter den Siedepunkt erhitzen. Durch ein Haarsieb passieren und 50 g Butter unterziehen.

Beilagen

93. Kartoffelpüree
12. Oktober 1860

1,5 kg KARTOFFELN, 75 g BUTTER, 1 BECHER (200 g) SÜSSE SAHNE, SALZ, MUSKAT

Frisch gekochte Pellkartoffeln werden geschält und sogleich durch eine Presse gedrückt. Dann mit 50 g Butter und heißem süßem Rahm auf der Herdplatte zu einem dicken Püree rühren. Dieses wird gesalzen, mit Muskat gewürzt und auf einer flachen vorgewärmten Platte erhaben angerichtet. Mit einem Stück frischer Butter belegt wird das Püree sofort zu Tisch gegeben.

94. Endiviengemüse
14. August 1863

2 GROSSE KÖPFE ENDIVIENSALAT, 75 g BUTTER, 2 EL MEHL, 1/4 l KRÄFTIGE FLEISCHBRÜHE, SALZ, MUSKATNUSS

Endiviensalat putzen, waschen und in 2 cm breite Streifen schneiden. Dann die Streifen 30 Sekunden in kochendes Wasser geben, sofort abgießen und mit eiskaltem Wasser abschrecken. Das Gemüse gut abtropfen lassen.
Butter in einer Kasserolle zergehen lassen, Endivien 2 Minuten darin andünsten. Dann mit Mehl bestäuben, gut verrühren und mit Fleischbrühe auffüllen. Endiviengemüse mit Salz und Muskatnuß würzen und 10 Minuten bei milder Hitze zugedeckt dünsten. Das fertige Gemüse in einer Servierschale erhaben anrichten oder damit Koteletts oder ähnliche Fleischgerichte garnieren.

95. Gefüllter Kohl
14. August 1863

1–2 KÖPFE WEISSKRAUT (JE NACH GRÖSSE), SALZWASSER, 1 ZWIEBEL, 1 BUND PETERSILIE, 20 g FRISCHE BUTTER, 500 g GEMISCHTES HACKFLEISCH, 1 EINGEWEICHTES ALTBACKENES BRÖTCHEN, 2 EIER, 1 LÖFFELSPITZE GEMAHLENE NELKEN, SALZ, PFEFFER, MUSKAT, KÜMMEL, 50 g BUTTER, 1/2 l FLEISCHBRÜHE, 3 EL SAURE SAHNE

Die äußeren bräunlichen Blätter der Kohlköpfe ablösen, die Kohlstrünke herausschneiden. Die ganzen Köpfe in Salzwasser 15 Minuten bei milder Hitze knackig kochen. Dann den Kohl gut abtropfen lassen. Gehackte Zwiebel und Petersilie in Fett 3 Minuten gelb dünsten. Zum Hackfleisch geben, Brötchen, Eier und Nelken, Salz, Pfeffer und Muskat zufügen und alles zu einer glatten Masse verkneten.
Die Kohlblätter, je 2–3 Stück, nebeneinander ausbreiten, mit etwas Kümmel bestreuen und je 1 Eßlöffel von der Farce darauf geben. Kohlblätter zu Rollen drehen, dicht an dicht in eine mit Butter bestrichene Kasserolle legen und mit Fleischbrühe begießen.
Den gefüllten Kohl 30 Minuten bei milder Hitze zugedeckt dünsten. Dann die Kohlrollen herausnehmen und kranzförmig um einen großen Schmorbraten anordnen. Die Fleischbrühe mit saurer Sahne binden und die Soße über den gefüllten Kohl gießen. Sofort zu Tisch geben.

96. Gemischter Salatteller
17. August 1863

100 g GEGARTE GRÜNE ERBSEN, 100 g GEKOCHTE GRÜNE BOHNEN, 100 g GEKOCHTE PELLKARTOFFELN, 100 g GEGARTE ROTE RÜBEN, 100 g GEKOCHTE WEISSE BOHNEN, 1 KL. KOPFSALAT, 6 HARTGEKOCHTE EIER, 2 GRÜNE HERINGSFILETS, 8 EL ÖL, 6 EL WEINESSIG, SALZ, PFEFFER, 1/2 BUND PIMPERNELLE, 1/2 BUND ESTRAGON

Gegarte Erbsen, in Stücke gebrochene grüne Bohnen, Kartoffel- und rote Rübenscheiben und weiße Bohnen sowie die Innenblättchen von einem Kopfsalat werden auf sechs flachen Desserttellern dekorativ angerichtet. Hartgekochte Eier vierteln, gewässerte grüne Heringfilets in Stücke teilen. Damit die Salatteller garnieren. Für die Salatsoße Öl mit Weinessig, Salz, Pfeffer sowie feingeschnittener Pimpernelle und Estragon verrühren. Kurz vor dem Anrichten werden die Salate damit beträufelt.

97. Kartoffeln

14. August 1863

Kartoffeln schälen und über Wasser in einem Sieb 12–15 Minuten dämpfen. Dann die Kartoffeln in wenig heißer Fleischbrühe schwenken, mit Salz bestreuen und anrichten. Gehackte Petersilie darüber geben und die Kartoffeln sofort servieren.

98. Karotten

17. August 1863

Die Karotten werden dünn abgeschabt und in 1 cm dicke Scheiben geschnitten. Dann gibt man sie in einen Topf, fügt Butter, Würfelzucker, Salz und Pfeffer zu und gießt mit Fleischbrühe auf. Zugedeckt gart man das Gemüse bei mittlerer Hitze etwa 20–30 Minuten. Sodann richtet man die Karotten in einer Gemüseschüssel erhaben an, bestreut mit reichlich gehackter Petersilie und gibt sie zu Tisch.

99. Kohl auf Mailänder Art

19. August 1863

Weißkohl putzen, den Strunk entfernen und den Kohlkopf in kochendem Salzwasser mit etwas Kümmel beigefügt 20 Minuten kochen. Dann das Wasser abgießen und den Weißkohl in Streifen schneiden. Schweineschmalz in einer Kasserolle erhitzen, feingehackte Zwiebel gelb anlaufen lassen. Mehl darin verrühren. Mit Fleischbrühe auffüllen und den Kohl 20 Minuten darin schmoren. Mit Salz und Pfeffer würzen. Kurz vor dem Anrichten das Kohlgemüse in eine feuerfeste Form geben, mit Parmesankäse bestreuen und mit Butter beträufelt im vorgeheizten Backofen (200°, Gas Stufe 3) 15–20 Minuten goldbraun überbacken.

100. Gemischte Gemüse

25. August 1864

Bei einer Macédoine de légumes kommt es auf die Vielzahl der Gemüse an. Man richtet sich somit am besten nach dem Marktangebot. Die verschiedenen Gemüse werden geputzt bzw. geschält und in Streifen, Würfel, rund oder oval zugeschnitten und wie folgt gegart: grüne Bohnen, Rosenkohl, Blumenkohl, grüne Erbsen und Spargeln in leichtem Salzwasser, Karotten, weiße Rüben, Kohlrabi, Sellerie und Zwiebeln in Fleischbrühe mit etwas Butter und 1 Prise Zucker, Schwarzwurzeln, Champignons und Artischockenböden in leichtem Zitronenwasser garen. Die fertigen Gemüse auf einer vorgewärmten Servierplatte anrichten und sofort zu Tisch bringen.

101. Grüne Erbsen

25. August 1864

Sauber verlesene grüne Erbsen mit Butter, geschälter Zwiebel und Petersilie in eine Kasserolle geben, mit Salz und Zucker würzen, ¼ l Wasser zugießen. Die Erbsen bei mittlerer Hitze weich dünsten. Vor dem Anrichten werden die Zwiebel und die Petersilie entfernt. Wer mag, bindet die Erbsen mit weißer Soße und gibt noch einen Eßlöffel sauren Rahm dazu.

102. Kartoffelkroketten

25. August 1864

Die Kartoffeln werden am Vortag gekocht. Völlig erkaltete Kartoffeln schälen und durch die feine Scheibe des Fleischwolfs drehen. Dann gibt man 2 Eigelb, Mehl, tüchtig Salz und Muskat dazu und verarbeitet den Teig zu einer glatten festen Masse. Daraus mit bemehlten Händen kleine fingerdicke Würstchen formen, diese in verquirltem Eiweiß und Semmelbröseln wenden und portionsweise in rauchend-heißem Backfett goldgelb ausbacken.

750 g MEHLIGE KARTOFFELN, 2 EIER, 1 EL MEHL, SALZ, MUSKAT, CA. 100 g SEMMEL-BRÖSEL, BACKFETT

103. Grüne Bohnen

27. August 1864

Junge zarte Bohnen wenn nötig von den Fäden befreien und einmal in der Mitte durchbrechen. Eine feingehackte Zwiebel und gehackte Petersilie in Butter glasig dünsten, dann die gewaschenen Bohnen, Zucker, etwas Salz, Bohnenkraut und Fleischbrühe zugeben und die Bohnen zugedeckt 15–20 Minuten bei mäßiger Hitze garen.
Wer mag, überstäubt die Bohnen kurz vor dem Anrichten mit etwas Mehl und dünstet sie noch 3 Minuten.

CA. 1 kg ZARTE GRÜNE BOHNEN, 1 ZWIEBEL, 1 BUND PETERSILIE, 50 g BUTTER, 1 STÜCK WÜRFEL-ZUCKER, SALZ, 1 BUND BOHNEN-KRAUT, 1/8 l FLEISCHBRÜHE, EVTL. ETWAS MEHL

104. Maronen

3. November 1864

Maronen kreuzweise einritzen und in sprudelnd kochendem Wasser 10 Minuten kochen lassen. Das Wasser abgießen und die Maronen noch heiß schälen. Dann läßt man in einem gußeisernen Topf mit Deckel Butter heiß werden, gibt Zucker hinzu und läßt diesen hellbraun karamelisieren. Jetzt schüttet man die Maronen hinein, gießt mit Fleischbrühe auf und läßt die Maronen bei milder Hitze zuge-deckt etwa 15–20 Minuten garen. Zwischendurch den Topf immer wieder hin- und herrütteln.
Vor dem Servieren gibt man etwas Salz an die Maronen, füllt das Gemüse in eine vorgewärmte Schüssel und bestreut mit viel gehackter Petersilie.

1,5 kg MARONEN, 75 g BUTTER, 50 g ZUCKER, 1/4 l FLEISCHBRÜHE, SALZ, PETERSILIE

105. Salat nach Konstantinart

26. Februar 1865

Mohrrüben, weiße Rüben, grüne Bohnen und Champignons schälen bzw. putzen und in kleine Würfel, Stücke oder Scheiben schneiden. Das Gemüse in 2 Tassen Wasser mit Salz knackig gardünsten. Abgetropft und erkaltet mit gewürfeltem gekochtem Schinken und Pökelzunge sowie gehackten Pfeffergurken und Sardel-lenfilets mischen. Das Ganze wird mit einer dicken Mayonnaise angemacht und mit etwas Zitronensaft, Salz und Pfeffer abgeschmeckt. Auch Stückchen von frischem Hummer sowie Trüffelscheibchen sind angenehm. Garniert wird der Salat mit hartgekochten Eischeiben, Scheiben von roten Beeten, Kapern und Kaviar.

JE 125 g MOHRRÜBEN, WEISSE RÜBEN, GRÜNE BOHNEN U. CHAM-PIGNONS, 1 TL SALZ, 100 g GEK. SCHINKEN AM STÜCK, 100 g PÖ-KELZUNGE AM STÜCK, 2 PFEF-FERGURKEN, 2 SARDELLEN-FILETS, 100 g MAYONNAISE, SAFT VON 1 ZITRONE, SALZ, PFEFFER, EVTL. FRISCHE HUMMERSTÜCKCHEN U. TRÜFFELSCHEIBEN
***ZUM GARNIEREN:** 2 HARTGEK. EIER, ROTE BEETESCHEIBEN, KAPERN U. KAVIAR*

106. Rosenkohl
3. November 1864

1 kg JUNGER ROSENKOHL, SALZWASSER, 50 g BUTTER, SALZ, 1 PRISE ZUCKER

Die äußeren Blättchen von den Rosenkohlknospen abzupfen, die Stengelansätze mit einem Messer kreuzweise einritzen. Rosenkohlröschen in gesalzenem, kochenden Wasser ca. 10–15 Minuten bei mittlerer Hitze köcheln lassen. Danach das Wasser abgießen. Rosenkohlröschen vor dem Anrichten in frischer Butter, etwas Salz und Zucker schwenken. Dann in einer vorgewärmten Schale anrichten und zu Tisch geben.

107. Blumenkohl
10. Mai 1866

1–2 KÖPFE BLUMENKOHL, SALZWASSER, 20 g BUTTER

Blumenkohlköpfe von den grünen Außenblättern befreien und 30 Minuten in stark gesalzenes Wasser legen, damit alles Ungeziefer entfernt wird.
Dann wird der Blumenkohl in reichlich leicht gesalzenem Wasser mit einem Stück Butter bei mittlerer Hitze 30–40 Minuten gegart. Sodann auf einer Platte angerichtet und eine helle Buttersoße extra beigegeben.
Oder der Blumenkohl wird mit einer Bechamelsoße überzogen, mit Parmesankäse und Bröseln bestreut und im heißen Backofen goldbraun überkrustet.

108. Spargel
10. Mai 1866

FÜR 1 PERSON: 375–500 g FRISCHER STANGENSPARGEL, SALZWASSER

Spargelstangen 3 cm unterhalb des Kopfes dünn abschälen. Spargel portionsweise zu Bündeln zusammenbinden, die Stiele gleichmäßig abschneiden. Spargel in leicht kochendem Salzwasser 25–30 Minuten bei mittlerer Hitze garen. Dann auf einer vorgewärmten Platte anrichten und flüssige Butter oder eine weiße Soße extra dazu reichen.

Desserts

109. Aprikosenflan
12. Oktober 1860

250 g MEHL, 125 g BUTTER, 50 g ZUCKER, 1 PRISE SALZ, 1 EI, 500 g APRIKOSEN (FRISCH ODER DOSE), 100 g GEMAHLENE HASELNÜSSE, 1 TL ZIMT, 3 EIER, 125 g PUDERZUCKER, 1 EL SPEISESTÄRKE, MARK VON 1 VANILLESCHOTE, 1/4 l SÜSSE SAHNE

Mehl, Butter, Zucker, Salz und Ei zu einem geschmeidigen Teig zusammenkneten, Teig 1 Stunde kalt stellen.
Inzwischen die Aprikosen entsteinen bzw. abtropfen lassen.
Knetteig zu einer runden Platte auswellen und eine runde Backform damit auskleiden. Teigboden mit Nüssen, mit Zimt gemischt, bestreuen. Die Aprikosen mit der Wölbung nach oben darauflegen. Kuchen im Backofen (220°, Gas Stufe 4) 25 Minuten backen.
Nebenher Eier mit Puderzucker, Speisestärke und Vanillemark cremig rühren, die süße Sahne unterziehen. Diesen Guß über den Kuchen geben und den Flan in 20 Minuten bei reduzierter Hitze fertig backen.

110. Apfelkompott
1. Januar 1862

Die Äpfel schälen, vierteln und entkernen. Äpfel in Längsscheiben schneiden. Butter in einem Topf schmelzen, die Äpfel hineingeben. Mit Zucker und gewaschenen Korinthen bestreuen, Zimtstange obenauf legen. Weißwein zugießen und das Apfelkompott bei milder Hitze 10 Minuten dünsten, ohne dabei umzurühren. Dann füllt man das Kompott vorsichtig in eine Servierschale und läßt es erkalten. Mit Mandelsplittern bestreut wird es zu Tisch gegeben.

1,25 kg FESTE, SÄUERLICHE ÄPFEL, 50 g BUTTER, 75 g ZUCKER, 50 g KORINTHEN, 1 STÜCK ZIMTSTANGE, 1/4 l TROCKENER WEISSWEIN, 2 EL MANDELSPLITTER

111. Pain von Ananas nach Marschallart
1. Januar 1862

Champagner oder Sekt mit Zucker rühren, bis sich der Zucker gelöst hat. 5 Blatt eingeweichte aufgelöste Gelatine unterziehen.
In eine kalt ausgespülte Kastenform (1-l-Inhalt) das Champagnergelee gießen. In dieses Aprikosenhälften mit der Wölbung nach unten, Reineclauden, Kaiserkirschen und Weinbeeren legen, daß ein hübsches Muster entsteht. Die Form 30 Minuten kalt stellen.
In der Zwischenzeit die Ananas schälen und pürieren. Ananaspüree mit Zucker, Wasser und Orangensaft bei mittlerer Hitze dicklich einkochen. Dann den Topf vom Herd nehmen und die übrige eingeweichte Gelatine darin auflösen. Ananasgelee etwas abkühlen lassen, dann über das Champagnergelee in die Form füllen. Den Pain von Ananas mindestens 8 Stunden im Kühlschrank festwerden lassen. Dann auf eine Servierplatte stürzen und mit Früchten umlegt servieren.

3/8 l CHAMPAGNER ODER SEKT, 50 g ZUCKER, 12 BLATT GELATINE, EINIGE GEDÜNSTETE APRIKOSENHÄLFTEN, GRÜNE REINECLAUDEN, KAISERKIRSCHEN UND GRÜNE WEINBEEREN ZUM GARNIEREN, 1 FRISCHE ANANAS, 150 g ZUCKER, 1/8 l WASSER, SAFT VON 3 ORANGEN

112. Pudding nach königlicher Art
1. Januar 1862

Reisstärkemehl mit Zucker mischen. Sahne zum Kochen bringen, Stärke-Zucker-Mischung unter Rühren zugeben und das Ganze unter ständigem Rühren so lange köcheln, bis eine cremig-dickliche Konsistenz erreicht ist. Dann in eine Schüssel füllen und etwas abgekühlt Eigelb, Butter und Zitronenschale unterrühren. Diese Masse cremig aufschlagen. Völlig erkaltet steifgeschlagenen Eischnee unterziehen, die Masse in eine gefettete, gezuckerte Souffléform füllen, mit Puderzucker bestäuben und im Backofen (180°, Gas Stufe 2) ca. 30 Minuten aufgehen lassen. Hat der Pudding eine lichtbraune Farbe angenommen, Oberfläche dick mit Staubzucker pudern und das Ganze sofort zu Tisch bringen.

75 g REISSTÄRKEMEHL, 75 g ZUCKER, 1/2 l SÜSSE SAHNE, 5 EIER, 25 g BUTTER, ABGERIEBENE SCHALE VON 1 ZITRONE, PUDERZUCKER ZUM BESTÄUBEN

113. Ananassorbet
16. August 1863

Ananas mit Saft und Weißwein im Mixer pürieren. Diese Masse 2–3 Stunden ins Gefrierfach stellen. Dann das Eiweiß mit Salz zu steifem Schnee schlagen. Gefrorene Ananasmasse zerstampfen, steifen Eischnee kräftig unterschlagen. Sodann die Sorbetmasse noch 1 Stunde ins Gefrierfach stellen.
In vorgekühlten Dessertschalen wird das Ananassorbet angerichtet und sogleich zu Tisch gegeben.

1 DOSE ANANAS IN STÜCKEN, 1/8 l TROCKENER WEISSWEIN, 2 EIWEISS, 1 PRISE SALZ

114. Gefrorene Drei-Schichten-Creme

25. August 1862

150 g ZUCKER, 3 EIGELB, 3/8 l MILCH, 5 BLATT HELLE GELATINE, 1/2 l SÜSSE SAHNE, 75 g GESCHMOLZENE SCHOKOLADE, MARK VON 1/2 VANILLESCHOTE, 50 g GEHACKTES ZITRONAT UND ORANGEAT SOWIE KANDIERTE ROTE KIRSCHEN, 75 g ERDBEER- ODER HIMBEERMARMELADE, ÖL ZUM EINPINSELN DER FORM

Zucker mit Eigelb weißschaumig rühren. Die heiße Milch unterquirlen. Dann wird die Schüssel in ein heißes Wasserbad gestellt und die Masse 3 Minuten cremig aufgeschlagen. Schüssel wieder herausnehmen und die eingeweichte Gelatine unter die Eimasse ziehen. Eicreme abkühlen lassen.
Unter die nur noch lauwarme Creme zieht man 3/8 l ganz steif geschlagene Sahne. Diese Creme wird gedrittelt. Der erste Teil mit Schokolade braun gefärbt, der zweite Teil mit Vanillemark und kandierten Früchten abgeschmeckt, unter den dritten Teil gibt man durch ein Sieb gestrichene Marmelade. In eine hohe geölte Form gibt man zuerst die Vanillecreme, streicht die rosa Creme darüber und schließt mit Schokoladencreme ab. Mit einem Stück geölten Pergamentpapier deckt man die Form zu und läßt die Creme 4–5 Stunden im Gefrierschrank frosten. Sodann wird sie auf eine Platte gestürzt, mit Schlagsahne hübsch verziert und sogleich serviert.

115. Kabinettpudding

25. August 1862

200 g ALTBACKENER BISKUIT, 50 g SULTANINEN, 50 g GEWÜRFELTES ZITRONAT UND ORANGEAT, 50 g GEHACKTE MANDELN, 6 EL RUM, 540 g SAUERKIRSCHEN, 4 EIER, 3/8 l MILCH, 75 g ZUCKER, JE 1 PRISE ZIMT UND GEMAHLENE NELKEN, BUTTER UND HELLE BRÖSEL

Biskuit in kleine Würfel schneiden, gewaschene Sultaninen, Zitronat und Orangeat und gehackte Mandeln zugeben und alles mit Rum beträufelt 20 Minuten durchziehen lassen. Sauerkirschen sehr gut abtropfen lassen. Eier mit Milch, Zucker, Zimt und Nelken verquirlen.
Jetzt schichtet man in eine gefettete, gebröselte Puddingform abwechselnd die Biskuitmasse und die Sauerkirschen ein. Mit Biskuits abschließen. Dann gießt man die Eiermilch darüber, verschließt die Form und gart den Pudding 60–70 Minuten im Wasserbad.
Vor dem Stürzen läßt man den Pudding in der geöffneten Form 10 Minuten abdampfen. Sodann wird er auf einer Servierplatte angerichtet und warm zu Tisch gegeben.

116. Pudding à la Nesselrode

16. August 1863

1 kg MARONEN, 1/2 l MILCH, MARK VON 1 VANILLESCHOTE, 1 PRISE SALZ, 150 g PUDERZUCKER, 75 g GESCHMOLZENE SCHOKOLADE, 2 LIKÖRGLÄSER NUSSLIKÖR, 5 BLATT HELLE GELATINE, 50 g ROSINEN, 25 g GESCHÄLTE, GEHACKTE PISTAZIEN, 75 g KANDIERTE ROTE KIRSCHEN, 1/2 l SÜSSE SAHNE, 3 EIGELB, 75 g ZUCKER, 6 cl MARASCHINOLIKÖR

Maronen kreuzweise einritzen, auf ein Backblech legen und im Backofen (200°, Gas Stufe 3) 20 Minuten rösten. Danach die Maronen aus den Schalen brechen und die hellbraunen Häutchen ebenfalls entfernen.
Milch mit Vanillemark und Salz zum Kochen bringen. Maronen hineingeben und bei mittlerer Hitze in 40 Minuten weichkochen. Sodann die Maronen pürieren. Puderzucker, Schokolade und Nußlikör unter die Creme ziehen. Die aufgelöste Gelatine unterrühren, Rosinen, Pistazien, gehackte Kirschen sowie zwei Drittel der steif geschlagenen Sahne unter die Masse ziehen. Maronencreme in eine hohe, runde Form füllen und mindestens 3 Stunden ins Gefrierfach stellen.
Inzwischen·für die Soße Eigelb und Zucker im Wasserbad cremig-dicklich schlagen. Maraschinolikör unterrühren. Eicreme aus dem Wasserbad nehmen und den Rest der Schlagsahne untermischen. Zum Anrichten den Maronenpudding aus der Form stürzen, mit einem Teil der Soße übergießen. Die übrige Soße wird in einer Sauciere mit zur Tafel gegeben.

117. Schmarrn mit Aprikosenkompott 29. Juli 1863

APRIKOSENKOMPOTT:
750 g FESTE REIFE APRIKOSEN,
150 g ZUCKER, ³/₈ l WASSER
SCHMARRN:
3 EIER, ¹/₈ l MILCH, 125 g MEHL,
50 g ZUCKER, 1 TL ZIMT,
50 g BUTTER

Aprikosenkompott: Die reifen Aprikosen halbieren, entsteinen und in eine flache feuerfeste Form geben. Zucker darüberstreuen und das Wasser zugießen. Die Form in den Backofen (180°, Gas Stufe 2) stellen und das Kompott 20 Minuten dünsten. Danach erkalten lassen.
Schmarrn: Aus Eiern, Milch, Mehl und etwas Zucker und Zimt bereitet man einen dünnflüssigen Pfannkuchenteig zu. In einer schweren Pfanne etwas Fett erhitzen, die Hälfte der Masse hineingießen und bei mittlerer Hitze beidseitig backen. Dann zerreißt man diesen Pfannkuchen in kleine Stücke. Die andere Teighälfte ebenso braten.
Die heißen Schmarrn auf einer vorgewärmten Servierschale erhaben anrichten und dick mit Zucker und Zimt bestreuen. Das Kompott wird separat beigegeben.

118. Krustaden auf italienische Art 17. August 1863

250 g MEHL, 150 g EISKALTE
FRISCHE BUTTER,
50 g PUDERZUCKER, 2 EIER,
1 PRISE SALZ
FÜLLUNG:
50 g BUTTER, 50 g ZUCKER,
3 EIGELB, 50 g GERIEBENE SCHO-
KOLADE, 50 g GEMAHLENE MAN-
DELN, 2 EIWEISS, PUDERZUCKER
ZUM BESTÄUBEN

Gesiebtes Mehl mit Butterstückchen, Puderzucker, Eiern und Salz verkneten. Den Teig mindestens 1 Stunde kalt stellen.
Inzwischen hohe glattwandige Backförmchen einfetten. Den Teig ½cm dick auswellen und die Förmchen damit auskleiden. Teigböden mehrmals einstechen und die Krustaden im Backofen (180°, Gas Stufe 2) 5 Minuten vorbacken.
Inzwischen Butter mit Zucker und Eigelb schaumig rühren. Geriebene Schokolade und Mandeln unterrühren. Dann die steif geschlagenen Eiweiß darunterheben und diese Masse in die Krustaden füllen. Die Törtchen noch 20 Minuten backen.
Danach die Krustaden aus den Förmchen stürzen und nach dem Erkalten dick mit Puderzucker bestäuben.

119. Omeletten-Auflauf 17. August 1863

8 GANZ FRISCHE EIER, 6 EL SÜSSE
SAHNE, 125 g ZUCKER, MARK
VON 1 VANILLESCHOTE, 4 EL
BUTTER, ZUCKER ZUM
BESTREUEN

Eier ganz sauber trennen. Die Eigelb mit süßer Sahne, Zucker und Vanillemark mit einem Schneebesen (nicht mit dem elektrischen Handrührgerät) zu einer cremigen Masse aufschlagen. Die Eiweiß zu Schnee schlagen und vorsichtig unter die Crememasse ziehen.
In einer schweren, möglichst gußeisernen Pfanne ein Viertel der Butter aufschäumen lassen. Dann ein Viertel der Omelettemasse hineingeben und die Omelette unter leichtem Bewegen der Pfanne bei milder Hitze beidseitig 2 Minuten lichtbraun braten. Die fertige Omelette auf eine vorgewärmte Servierplatte gleiten lassen und dick mit Zucker bestreuen.
Auf dieselbe Weise die übrigen Omelettes backen. Die Omelettes jeweils aufeinander legen. Sodann das Ganze nochmals dick mit Zucker bestreuen und den Auflauf im Backofen (160°, Gas Stufe 1) 15–20 Minuten aufgehen lassen.
Damit die Oberfläche goldbraun wird, wird der Auflauf erneut mit Zucker bestreut und unter den glühend heißen Grill geschoben. Dann den Omeletten-Auflauf ohne Verzug zu Tisch bringen, damit er nicht zusammensinkt. Gelegentlich wird diesem Auflauf eine Maraschinorahmsoße (siehe »Pudding à la Nesselrode«, Seite 128) oder eine Soße von pürierten Aprikosen beigegeben.

120. Charlotte à la Palermo
17. August 1863

Biskuitroulade in 1 cm dicke Scheiben schneiden. Magerquark mit aufgetautem Orangensaft, Zitronensaft, Zucker und Orangenlikör cremig rühren. 4 Blatt eingeweichte, aufgelöste Gelatine unterziehen. Sauerkirschen abtropfen lassen. Kirschsaft mit Zucker 8 Minuten dicklich einkochen, übrige eingeweichte Gelatine einrühren. Etwas abgekühlt den Kirschlikör und die Kirschen zugeben.
Jetzt die Sahne steif schlagen. Je 200 g Sahne unter die Orangencreme und das Kirschengelee heben. Eine runde glatte Form mit Öl bepinseln, Biskuitscheiben dicht an dicht in die Form legen. Lagenweise Orangen- und Kirschsahne einfüllen. Die Oberfläche mit Biskuitscheibchen belegen und die Charlotte mindestens 6 Stunden im Kühlschrank kalt stellen.
Zum Anrichten stürzt man die Charlotte auf eine runde Servierplatte, garniert mit halbierten Orangenscheiben und Schlagsahnetupfen und gibt das Ganze mit Puderzucker bestäubt zur Tafel.

121. Zwetschgenflan
19. August 1863

s. Aprikosenflan, S. 126.
Dabei werden allerdings die Aprikosen gegen die selbe Menge reifer Zwetschgen ausgetauscht.

122. Schwedischer Pudding
20. September 1863

Butter mit Eigelb, Zucker, Zimt und Nelken schaumig rühren. Dann löffelweise Schwarzbrotbrösel und gewürfeltes Ochsenmark unterrühren. Gewaschene Rosinen, Zitronat und Orangeat sowie Rum untermengen. Das Eiweiß wird dann sehr steif geschlagen und unter die Masse gezogen.
Das Ganze wird sogleich in eine gefettete, gebröselte Puddingform gefüllt und in der verschlossenen Form im Wasserbad ca. 1 Stunde gegart.
Pudding auf eine Servierplatte stürzen und mit einer beliebigen süßen Soße zu Tisch bringen.

123. Nougatcreme, mit Mandeln verziert
25. August 1863

Nußnougatmasse im Wasserbad schmelzen lassen. Die Eier trennen. Eigelb mit Pulverkaffee und Zucker schaumig rühren. Die lauwarme Nußnougatmasse unterziehen. Eiweiß und Sahne getrennt steif schlagen. Löffelweise die Schlagsahne unter die Nougatcreme rühren, Eischnee locker unterheben. Nougatcreme in einer Servierschale anrichten, Oberfläche glatt streichen und die Creme 2 Stunden kalt stellen. In der Zwischenzeit die Mandeln halbieren. Öl mit Zucker in einer Pfanne ohne zu rühren goldgelb schmelzen lassen, Mandelhälften ganz kurz darin wenden. Abkühlen lassen.
Vor dem Anrichten gibt man die karamelisierten Mandeln in einem hübschen Muster auf die Nougatcreme und bringt diese sofort zu Tisch.

124. Punschtorte

20. September 1863

Eier mit Zucker und Vanillinzucker im Wasserbad cremig-dicklich schlagen. Dann herausnehmen und die Masse etwas abkühlen lassen. Mehl und Backpulver darübersieben und locker miteinander vermischen. Flüssige Butter zuletzt untermischen. Den Teig in eine gefettete Backform füllen und im Backofen (180°, Gas Stufe 2) ca. 30 Minuten backen. Erkalten lassen.

Weißwein mit Rum und einigen Tropfen Zitronensaft verrühren. Tortenboden zweimal durchschneiden, Böden damit beträufeln. Mit Aprikosenkonfitüre bestreichen und die Torte zusammensetzen.

Für die Glasur Puderzucker mit Orangensaft und Arrak glattrühren, Punschtorte damit überziehen. Zuletzt mit kandierten Früchten verzieren.

4 EIER, 150 g ZUCKER, 1 TL VANILLINZUCKER, 150 g MEHL, 1 TL BACKPULVER, 50 g BUTTER, 5 EL WEISSWEIN, 5 EL RUM, SAFT VON 1/2 ZITRONE, 250 g APRIKOSENKONFITÜRE, 100 g PUDERZUCKER, SAFT VON 1 ORANGE, 1 LIKÖRGLAS ARRAK, KANDIERTE FRÜCHTE

125. Pfannkuchen

12. Oktober 1863

Eier, Milch und Salz miteinander verquirlen, das gesiebte Mehl nach und nach unterrühren. Diesen Teig 30 Minuten ausquellen lassen.

In einer schweren, möglichst gußeisernen Pfanne erhitzt man 1 Eßlöffel Butterschmalz und gibt eine Schöpfkelle voll Teig hinein. Den Teig in der Pfanne zerfließen lassen. Ist die Unterseite des Pfannkuchens bei mittlerer Hitze goldbraun gebraten, wendet man den Pfannkuchen und brät die zweite Seite ebenso. Den fertig gebratenen Pfannkuchen gibt man auf eine vorgewärmte Platte und stellt diese warm, bis alle Pfannkuchen gebacken sind. Dazu gibt man ein beliebiges Kompott.

4 EIER, 1/8 l MILCH, 1 GUTE PRISE SALZ, 100 g MEHL, BUTTERSCHMALZ ZUM BRATEN

126. Apfel-Charlotte

1. November 1863

Die Äpfel werden geschält, entkernt und in dünne Blättchen geschnitten. Äpfel in Butter, mit Zucker und Zimt bestäubt, hellgelb andünsten. Mit gewaschenen Rosinen und Aprikosenmarmelade vorsichtig mischen und die Masse erkalten lassen.

Das Stangenweißbrot in 1/2 cm dicke Scheiben schneiden, diese in Butter hellgelb rösten. Dann legt man eine gefettete, ausgebröselte Auflaufform dicht mit den Brotscheiben aus und zwar so, daß sich die Schnitten jeweils halb überdecken. Sodann füllt man die Apfelmasse hinein und belegt die Oberfläche der Form ebenfalls mit Brotscheiben.

Im Backofen (200°, Gas Stufe 3) bäckt man die Apfel-Charlotte ca. 30 Minuten. Zum Anrichten wird sie auf eine runde Servierplatte gestürzt und mit Zimtzucker bestreut zu Tisch gegeben.

1 kg SÄUERLICHE, FESTE ÄPFEL, 75 g BUTTER, 125 g ZUCKER, 1 TL ZIMT, 50 g ROSINEN, 100 g APRIKOSENMARMELADE. 1 STANGENWEISSBROT. 150 g BUTTER, HELLE SEMMELBRÖSEL FÜR DIE FORM, ZIMTZUCKER ZUM BESTREUEN

127. Pain von Früchten auf königliche Art

16. August 1863

Die Zubereitung des Pain von Früchten erfolgt wie im Rezept Pain von Ananas nach Marschallart, Seite 127, angegeben. Statt verschiedener Obstsorten werden hierbei jedoch nur frische reife Himbeeren verwendet. Garniert wird das Früchte-Pain mit Himbeeren und gesüßter Schlagsahne.

3/8 l ROTER CHAMPAGNER ODER SEKT, 50 g ZUCKER, 12 Bl. GELATINE, 125 g HIMBEEREN, 1 FR. ANANAS, 150 g ZUCKER, 1/8 l WASSER, SAFT VON 3 ORANGEN, 1/4 l SÜSSE SAHNE, 1 PCK. VANILLINZUCKER

128. Pflaumenkompott
12. Oktober 1863

1 kg REIFE, FESTE PFLAUMEN, ¹/₂ l WASSER, ¹/₈ l TROCKENER WEISSWEIN, 150 g ZUCKER, 1 STÜCK STANGENZIMT

Pflaumen halbieren und entsteinen. Wasser mit Weißwein, Zucker und Zimt zum Kochen bringen. Pflaumen hineingeben und 2 Minuten sprudelnd kochen lassen. Dann nimmt man das Obst mit einem Schaumlöffel heraus in eine Schüssel. Den Saft kocht man bei starker Hitze im offenen Topf um die Hälfte ein und gießt ihn sodann über die Pflaumen.
Erkaltet wird das Kompott zu süßen Mehlspeisen oder so mit Schlagrahm zu Tisch gebracht.

129. Reis Trauttmansdorff
12. Oktober 1863

250 g MILCHREIS, ³/₄ l MILCH, 1 VANILLESCHOTE, 100 g ZUCKER, 4 BLATT HELLE GELATINE, ¹/₄ l SÜSSE SAHNE, 2 LIKÖRGLÄSER MARASCHINOLIKÖR, 750 g REIFE HIMBEEREN, 100 g PUDERZUCKER, ETWAS HIMBEERGEIST

Milchreis in Milch, der die Vanilleschote und Zucker zugefügt wurde, langsam quellen lassen. Unter den fertigen heißen Reis die eingeweichte Gelatine rühren. Reisbrei etwas abkühlen lassen.
Unterdessen süße Sahne steif schlagen. Sahne sowie Maraschinolikör unter den Reis mischen. Reismasse in eine Schüssel füllen und mindestens 4 Stunden kalt stellen.
Für eine Soße die reifen Himbeeren durch ein feines Sieb streichen, Himbeerpüree mit Puderzucker verrühren. Nach Belieben mit Himbeergeist abschmecken. Zum Anrichten stürzt man den Reispudding auf eine flache Servierschale, übergießt mit der Himbeersoße und reicht die übrige Soße getrennt in einer Sauciere dazu.

130. Schokoladenpudding
19. Oktober 1863

125 g BUTTER, 125 g MEHL, 125 g GERIEBENE SCHOKOLADE, 125 g ZUCKER, ¹/₂ l SÜSSE SAHNE, 5 EIER

Butter in einem Topf schmelzen lassen. Gesiebtes Mehl zugeben und kurz anrösten. Dann geriebene Schokolade, Zucker und ³/₈ l süße Sahne zufügen und alles zu einem dicken Brei kochen. Diesen in eine Schüssel geben und mit den Eigelben glattrühren. Abgekühlt die steifgeschlagenen Eiweiß unterziehen. Schokoladenmasse in eine gefettete, eingezuckerte Puddingform füllen, verschließen und im Wasserbad gut 30 Minuten garen. Gestürzt und mit halbflüssigem Schlagrahm übergossen zu Tisch bringen.

131. Puddingtörtchen mit Aprikosen
25. August 1864

MÜRBTEIG:
500 g MEHL, 250 g BUTTER, 250 g STAUBZUCKER, 2 EIER, MARK VON ¹/₂ VANILLESCHOTE, ABGER. SCHALE VON ¹/₂ ZITRONE
BELAG:
¹/₂ l MILCH, 2 EL ZUCKER, 75 g SPEISESTÄRKE, 2 EIER, 1 DOSE APRIKOSENHÄLFTEN, ¹/₄ l SÜSSE SAHNE

Mehl mit kalter Butter, Staubzucker, Eier, etwas Vanillemark und abgeriebener Zitronenschale zu einem Mürbteig kneten, diesen 1 Stunde kalt stellen. Dann den Teig 1 cm dick auswellen, gefettete Tortelett-Förmchen damit auslegen und im Backofen (180°, Gas Stufe 2) 20 Minuten backen. Törtchen stürzen, erkalten lassen.
Für den Pudding Milch mit Zucker aufkochen, angerührte Speisestärke einrühren und aufkochen lassen. Sofort die Eigelb unterziehen und den Pudding abkühlen lassen. Lauwarm die steifgeschlagenen Eiweiß unterziehen.
Die Törtchen dick mit Pudding bestreichen und mit abgetropften Aprikosenhälften belegen. Mit Schlagsahne verziert zu Tisch bringen.

132. Pfirsich-Omelettes à la Comtesse 28. August 1864

Gesiebtes Mehl mit Salz, Milch und Eiern zu einem dünnflüssigen Teig rühren, flüssige Butter zuletzt unterziehen. Den Teig 30 Minuten quellen lassen, dann nacheinander in heißem Fett 12 goldbraune Omelettes braten.
Inzwischen die Pfirsichmarmelade mit Marillenlikör glatt rühren und durch ein Haarsieb streichen. Jede Omelette dünn mit Konfitüre bepinseln, zusammenrollen und auf eine vorgewärmte Servierplatte legen. Dick mit Puderzucker bestäubt servieren.

375 g Mehl, 1 gute Prise Salz, ³/₄ l Milch, 6 Eier, 50 g und 75 g Butter, 250 g Pfirsichmarmelade, 4 cl Maraschinolikör, Puderzucker

133. Apfelkrapfen 27. August 1864

Äpfel schälen, Kerngehäuse ausstechen und die Äpfel waagrecht in 1 cm dicke Scheiben schneiden. Die Ringe mit Zucker bestreuen, mit Arrak oder Kirschwasser beträufeln und 1 Stunde stehen lassen.
In der Zwischenzeit den Backteig zubereiten. Hefe mit Milch verrühren, 10 Minuten stehen lassen. Dann mit Mehl, Eigelb, Fett, Zucker, Salz und etwas lauwarmer Milch zu einer flüssigen Masse rühren. Diese an einem warmen Ort ca. 30 Minuten stehen lassen. Sodann die Apfelringe in den Backteig tauchen und portionsweise in heißem Backfett (z.B. Schmalz) lichtbraun backen. Mit Zucker bestreut sogleich zu Tisch bringen.

4 gr. mürbe Äpfel, 35 g Zucker, 4 EL Arrak oder Kirschwasser, 20 g frische Hefe, 1 EL Milch, 250 g Mehl, 3 Eigelb, 75 g Butter, 1 EL Zucker, 1 Prise Salz, ¹/₁₆ l lauwarme Milch, Backfett, Zucker

134. Eisbombe auf Wiener Art 1. November 1863

Aus Eiern, Milch, Mehl, Zucker und Zimt einen dünnflüssigen Teig rühren. In erhitzter Butter nacheinander 6 dünne goldgelbe Pfannkuchen braten. Diese erkalten lassen.
Eigelb mit Milch und Zucker im Wasserbad cremig-dicklich schlagen, abkühlen lassen. Sahne steif schlagen, Schlagsahne und Maraschinolikör unter die Eicreme ziehen.
In eine gefettete, runde, glattwandige Form schichtweise Pfannkuchen und Ei-Sahne-Creme füllen. Die erste und letzte Schicht soll aus Pfannkuchen bestehen. Die Form für 2 Stunden ins Gefrierfach stellen. Kurz vor dem Anrichten Eiweiß mit Salz und Zitronensaft sehr steif schlagen, Zucker unterschlagen. Die Eisbombe aus der Form auf eine feuerfeste Platte stürzen, ganz mit Eischnee bestreichen und unterm Grill goldgelb überbacken. Eisbombe mit Maraschinokirschen verzieren und sofort auftragen.

3 Eier, ¹/₈ l Milch, 125 g Mehl, 30 g Zucker, ¹/₂ TL Zimt, 2 EL Butter, 3 Eier, ¹/₁₆ l Milch, 50 g Zucker, ¹/₄ l süße Sahne, 4 cl Maraschinolikör, 1 Prise Salz, einige Tropfen Zitronensaft, 3 gehäufte EL Zucker, Maraschino-kirschen zum Garnieren

135. Ananas-Sorbet mit Champagner 26. Februar 1865

Ananas mit Saft pürieren und 2–3 Stunden frosten lassen. Danach zerstampfen und steifgeschlagenes Eiweiß unterziehen. Sorbet weitere zwei Stunden gefrieren lassen.
Kurz vor dem Servieren Schollen von der Sorbetmasse abstechen, diese in gekühlte Sektkelche geben und mit wenig eiskaltem Champagner aufgießen. Die Sorbets unverzüglich zu Tisch geben.

1 Dose Ananas in Stücken (möglichst ungesüßt), 1 Eiweiß, eisgekühlter extra trockener Champagner

250 g APRIKOSENMARMELADE,
12 BLATT HELLE GELATINE,
100 g GESCHÄLTE, GEMAHLENE
MANDELN, MARK VON ¹/₂ VANIL-
LESCHOTE, ¹/₄ l MILCH, ¹/₂ l SÜSSE
SAHNE, ¹/₈ l WASSER, 50 g
ZUCKER, ¹/₈ l MARASCHINO-
LIKÖR, BISKUITGEBÄCK ZUM
GARNIEREN

136. Pudding à la Pomaré
28. August 1864

Aprikosenmarmelade durch ein Sieb streichen und unter Rühren erwärmen. 4 Blatt eingeweichte Gelatine darin auflösen. Mandeln mit Vanillemark in Milch 10 Minuten kräftig durchkochen, durch ein Haarsieb passieren, 4 Blatt eingeweichte Gelatine darin ebenfalls auflösen. Die Sahne sehr steif schlagen, je die Hälfte unter die Aprikosencreme und das Mandelgelee ziehen. Kirschen gut abtropfen lassen. Wasser mit Zucker 5 Minuten sprudelnd kochen lassen, Maraschinolikör dazu gießen. Die restliche eingeweichte Gelatine darin auflösen.
In eine kalt ausgespülte runde Schüssel 1 cm hoch Maraschinogelee gießen. Erstarren lassen. Danach dicht an dicht je einen Eßlöffel von der Aprikosen- und Mandelcreme in die Schüssel geben, Kirschen bunt dazwischen legen. Die zweite Lage ebenso herrichten, nur soll dann auf eine Aprikosencreme eine weiße Mandelcreme folgen. Sind beide Cremes und die Kirschen aufgebraucht, das restliche Maraschinogelee darüber gießen und die Form mindestens 3 Stunden kalt stellen. Zum Anrichten stürzt man den Pudding auf eine runde Servierplatte und garniert ringsum mit feinem Biskuitgebäck.

150 g ZUCKER, DAS MARK VON
¹/₂ VANILLESCHOTE, 4 EIER, 2 EI-
GELB, 150 g MEHL, 1 TL BACK-
PULVER, 50 g FLÜSSIGE BUTTER,
150 g JOHANNISBEERGELEE,
150 g APRIKOSENKONFITÜRE,
150 g HIMBEERKONFITÜRE,
250 g PUDERZUCKER, 2 EIWEISS,
SAFT VON ¹/₂ ZITRONE, KANDIER-
TE FRÜCHTE ZUM GARNIEREN

137. Genueser Torte
3. November 1864

Zucker und Vanillemark, Eier und Eigelb im Wasserbad cremig-dicklich schlagen. Dann die Masse etwas abkühlen lassen. Mehl und Backpulver darübersieben und alles miteinander vermischen. Zuletzt die flüssige Butter unterrühren. Teig in eine gefettete Springform füllen und im Backofen (180°, Gas Stufe 2) 30 Minuten goldgelb backen. Nach dem Backen stürzen. Die erkaltete Torte dreimal waagrecht durchschneiden. Die unterste Teigplatte mit Johannisbeergelee bestreichen. Die zweite Teigplatte darauf legen, mit durchpassierter Aprikosenkonfitüre bepinseln. Den dritten Boden oben aufgeben, mit durchpassierter Himbeerkonfitüre bestreichen. Die oberste Teigplatte darauf legen.
Dann wird Puderzucker in eine Schüssel gesiebt und mit Eiweiß und Zitronensaft 5 Minuten cremig gerührt. Die Torte damit ganz überziehen. Ist die Glasur etwas angetrocknet, garniert man die Oberfläche der Torte geschmackvoll mit kandierten Früchten.

TEIG:
500 g MEHL, 250 g BUTTER,
3 EIGELB, 1 EL ZUCKER, 1 TL
ZIMT, 1 MSP. MUSKAT,
TROCKENERBSEN
FÜLLUNG:
125 g ERDBEEREN, 125 g HIM-
BEEREN, 125 g WEISSE JOHANNIS-
BEEREN, 125 g ROTE JOHANNIS-
BEEREN, 150 g ZUCKER, ¹/₄ l
SÜSSE SAHNE, 1 PCK.
VANILLINZUCKER

138. Torte mit gemischten Früchten und Sahne
25. August 1864

Teig: Mehl mit Butter, Eigelb, Zucker, Zimt und Muskat verkneten. Den bröseligen Teig 1 Stunde kalt legen. Danach legt man mit diesem Teig eine gefettete runde Backform aus, füllt einige Hände voll Trockenerbsen hinein und bäckt den Teigboden im Backofen (200°, Gas Stufe 3) ca. 20 Minuten. Teigboden aus der Form nehmen, Trockenerbsen herausschütten, Boden erkalten lassen.
Für die *Füllung* Erdbeeren, Himbeeren, weiße und rote Johannisbeeren sauber verlesen und mit ¹/₄ l Zuckersirup (0,2 l Wasser mit 150 g Zucker 10 Minuten sprudelnd kochen) übergießen.
Erkaltete Beerenmischung in den Tortenboden füllen und die Torte mit einem Gitter aus leicht gesüßter Schlagsahne garnieren.

139. Erdbeerbaiser

27. August 1864

Sauber abgelassene Eiweiß mit Zitronensaft und Weinstein ganz steif schlagen. Dann läßt man nach und nach den Zucker einrieseln, bis die Masse schön cremig und steif ist.

Inzwischen bespannt man ein Backblech mit Pergamentpapier und ölt es ein. Von der Baisermasse mit einem Löffel Häufchen daraufsetzen. Baisers im Backofen (140°, Gas ¹/₂ Stufe) 3–4 Stunden, am besten aber über Nacht trocknen lassen.

Zum Anrichten wird die süße Sahne sehr steif geschlagen, pürierte oder zermuste Erdbeeren und Zucker untergezogen.

Erdbeersahne auf Glasteller spritzen und mit je 2 Baiserschalen garnieren. Erdbeerbaisers sofort zu Tisch bringen.

6 GANZ FRISCHE EIWEISS, SAFT VON ¹/₂ ZITRONE, 1 LÖFFELSPITZE WEINSTEIN (APOTHEKE), 250 g FEINER ZUCKER, ÖL ZUM BEPINSELN, ¹/₂ l SÜSSE SAHNE, 250 g REIFE ERDBEEREN, 75 g ZUCKER

140. Feine Bratäpfel

3. November 1864

Äpfel schälen und die Kerngehäuse ausstechen. Äpfel in Wein, mit etwas Wasser vermischt, und mit Zucker, Zimt und Zitronenschale gewürzt, dünsten, danach abtropfen und erkalten lassen.

Unterdessen Eigelb mit Zucker cremig rühren, süße Sahne zugießen und das Ganze im Wasserbad zu einer Creme aufschlagen.

Äpfel mit Preiselbeeren und Zitronat füllen, in eine gefettete feuerfeste Form stellen und mit der Creme überziehen. Mit gehackten Mandeln bestreut unterm Grill goldbraun überbacken. Die Bratäpfel heiß servieren.

6 FESTE, SAFT. ÄPFEL, ¹/₄ l TROCK. WEISSWEIN, 50 g ZUCKER, ¹/₂ TL ZIMT, ZITRONENSCHALE, 4 EIGELB, 3 EL ZUCKER, ¹/₄ l SÜSSE SAHNE, 100 g PREISELBEERGELEE, 25 g ZITRONAT, BUTTER, 35 g GESCHÄLTE, GEHACKTE MANDELN

141. Brüsseler Torte

28. August 1864

Mehl mit Zucker, Eiern, Butter, Salz, Zimt und Zitronenschale zu einem bröseligen Teig verkneten. Bröselteig in eine gefettete Springform geben, leicht andrücken. Zucker und Eigelb schaumig rühren, Mandeln und Mehl zugeben. Die Eiweiß getrennt steif schlagen, locker unter die Mandelmasse ziehen. Diese Masse auf den Bröselteig streichen und den Kuchen im Backofen (180°, Gas Stufe 2) ca. 40 Minuten lichtbraun backen. Danach aus der Form nehmen und erkalten lassen. Den Kuchen ringsum mit erwärmter Aprikosenmarmelade bepinseln. 200 g Puderzucker mit Himbeersirup glatt rühren, die Torte damit ganz überziehen. Glasur antrocknen lassen. Inzwischen den übrigen Puderzucker mit Zitronensaft verrühren und damit auf die Brüsseler Torte ein beliebiges Muster spritzen.

275 g MEHL, 140 g ZUCKER, 2 EIER, 150 g BUTTER, 1 PRISE SALZ, ¹/₂ TL ZIMT, 1 MSP. ZITRONENSCHALE, 150 g ZUCKER, 5 EIER, 150 g GESCHÄLTE, GEM. MANDELN, 1 EL MEHL, 200 g APRIKOSENMARMELADE, 250 g PUDERZUCKER, 5 EL HIMBEERSIRUP, 1 EL ZITRONENSAFT

142. Pudding Palfy

10. Mai 1866

Von den Milchbrötchen die Rinde abreiben und die Brötchen in kleine Stücke schneiden. Darüber heiße Milch, in die man Butter und Zucker gegeben hat. Brotmasse zugedeckt 30 Minuten stehen lassen. Dann geriebene Mandeln, Korinthen und Eigelb zugeben und die Masse gut verrühren.

Die Eiweiß steif schlagen, darunterziehen. Masse in eine gefettete, ausgebröselte Puddingform füllen und den Pudding 1¹/₂ Stunden im Wasserbad stocken lassen. Danach stürzen und mit Kompott oder einer Fruchtsoße reichen.

6 MILCHBRÖTCHEN, GUT ³/₈ l MILCH, 50 g BUTTER, 75 g ZUCKER, 125 g GERIEBENE MANDELN, 75 g KORINTHEN, 6 EIER

143. Kaiserin-Torte   26. Februar 1865

Eigelb mit 6 Eßlöffel heißem Wasser schaumig schlagen. 75 g Zucker unterrühren.
Dann Haselnüsse, Speisestärke und Zitronenschale locker untermischen. Eiweiß
mit Salz sehr steif schlagen, 35 g Zucker einrieseln lassen. Den Eischnee locker
unter die Haselnußmasse ziehen. Teig in einer gefetteten Springform im Backofen
(180°, Gas Stufe 2) ca. 30 Minuten backen. Abkühlen lassen.
Inzwischen gewürfelte Ananasstücke mit Saft und dem restlichen Zucker einkochen, eingeweichte Gelatine darin auflösen. Die Nußtorte einmal durchschneiden,
mit Ananasmasse füllen, Teigdeckel auflegen. Dann überzieht man die Torte
rundum mit dem glattgerührten, erwärmten Ananasgelee. Ist dieses angetrocknet,
bespritzt man die Torte mit Vanillinzucker gesüßter Sahne und verziert obendrein
mit kandierten Ananasstückchen. So garniert, trägt man die Kaiserin-Torte sofort
zur Tafel.

144. Pudding auf Marschallart   26. Februar 1865

Löffelbiskuits mit Maraschinolikör beträufeln. Kompottfrüchte auf einem Sieb
gut abtrocknen lassen. Eine hohe, glattwandige Form mit Butter einfetten.
Lagenweise Löffelbiskuits und Kompottfrüchte einschichten. Die erste und die
letzte Lage soll aus Biskuits bestehen.
Eier mit süßer Sahne und Zucker gut verquirlen und über den eingeschichteten
Pudding gießen. Die Form ca. 1 Stunde ins Wasserbad stellen.
Den gegarten Pudding auf eine Servierplatte stürzen und dick mit Puderzucker
bestäuben. Eine Soße aus halbsteif geschlagener Sahne, mit Maraschinolikör
abgeschmeckt, dazu servieren.

145. Portugiesische Törtchen   10. Mai 1866

Eigelb mit Zucker schaumig rühren. Eiweiß mit Salz sehr steif schlagen, auf die
Schaummasse geben. Gemahlene Mandeln, Speisestärke und etwas Zimt darüber-
geben und alles locker untereinander mengen. Mandelteig in gefettete Tortelett-
Förmchen füllen und im Backofen (180°, Gas Stufe 2) 20–30 Minuten backen.
Danach stürzen.
Erkaltete Törtchen dünn mit erwärmter Orangenkonfitüre bestreichen, mit
Puderzucker-Orangen-Glasur überziehen. Die Törtchen werden dann mit kandier-
ten Früchten garniert und gefällig angerichtet.

146. Hippen auf moderne Art   26. Februar 1865

Zucker, weiche Butter, Eier, Eigelb, Zitronenschale, Zimt und Salz schaumig
rühren. Gesiebtes Mehl untermischen. Aus der Masse walnußgroße Kugeln formen. Im geölten erhitzten Hippeneisen daraus lichtbraune Hippen backen. Diese
sofort nach dem Backen zu Tüten drehen. Die Hippen in Zimtzucker wälzen.
Zum Anrichten füllt man die erkalteten Hippen mit Schlagsahne, die mit Vanillinzucker fein aromatisiert wurde.

Menüvorschläge für festliche Anlässe

Wer die Absicht hat, mit Hilfe dieses Buches Menüs zusammenzustellen, um seine Gäste »wie ein König« bewirten zu können, bekommt auf den folgenden Seiten einige Anregungen für Menü-Kompositionen. Renate Schütterle hat für folgende feierliche Anlässe aus dem Angebot der Gerichte eine Auswahl getroffen: Für ein festliches Menü zu irgendeiner feierlichen Gelegenheit, zur Silberhochzeit, zur Geburtstagsfeier, für ein Weihnachtsmenü, ein Wildessen und ein Diner für Zwei. Die Gerichte sind untereinander gesetzt, damit Sie sich mit Hilfe einer Fotokopie ihre eigene »königliche Speisekarte« schaffen können.

Festmenü

Entenleberpastete
Toast und Butter
Kraftbrühe mit Kalbfleischklößchen

Hecht im Backofen gegart
neue Kartoffeln
Gebratene Taubenbrüstchen
mit einer Garnitur von grünen Bohnen
Ananas-Sorbet mit Champagner
Rinderfilet à la Chipolata

Zwetschgenflan
Pudding à la Pomaré

Gekühlter, trockener Roséwein
Eleganter Weißwein
Trockener, kräftiger Rotwein
Mokka

Silberhochzeit

Aperitif:
Trockener Champagner

Geflügelcremesuppe auf Kardinalsart
Sülzchen auf königliche Art
Toast und Butter

Forellen mit holländischer Soße
neue Kartoffeln
Rehfilet auf Finanzmannart
Spätzle, Preiselbeerbirne

Pudding à la Nesselrode
Himbeereiscreme

Trockener Roséwein
Rassiger, eleganter Weißwein
Kräftiger Rotwein
Mokka
Himbeergeist

Geburtstagsfeier

Kraftbrühe mit Schinkenklößchen
Blätterteigpasteten Montgelas

Gebratene Kalbsnuß
mit Gemüsebeilage
und Kartoffelkroketten
Pain von Früchten auf königliche Art

Vanille- und Orangeneis
Junger, spritziger Roséwein
Kräftiger Weißwein
Trockener Sekt

Weihnachtsmenü

Falsche Schildkrötensuppe
mit Käsestange
Pastete à la Gautier
Gebratener Truthahn
mit Gemüsebouquets von
Spargeln, Erbsen, Böhnchen
Karotten und Endivie
Feine Bratäpfel
Vanille-Eiscreme auf Wiener Art
Trockener Sherry
Frischer, eleganter Weißwein
Kräftiger Weißwein
Mokka

Wildessen

Cremesuppe mit Taubenklößchen

Wildentenragout mit Oliven
Butternudeln
Gebratene Gemse mit Gemüsebeilage
Kartoffelkroketten

Schmarrn mit Aprikosenkompott

Leichter, milder Rotwein
Voller, kräftiger Rotwein
Kaffee
Marillengeist

Diner für Zwei

Aperitif:
Kir royal

Kraftbrühe auf spanische Art
Languste mit Remouladensoße
Toastbrot
Fasan auf böhmische Art
Rosenkohl und Maronen
Erdbeerbaiser
Frischer, französischer Weißwein
Leichter, milder Rotwein
Champagner
Mokka

Register

VORSATZ:
AN DAS SPEISEZIMMER IM
SCHWANRITTERSAAL ZU HOHEN-
SCHWANGAU ERINNERT HEUTE
NUR NOCH DER DREITEILIGE
SCHWANEN-TAFELAUFSATZ AUS
BRONZE, DEN DAS KRONPRIN-
ZENPAAR 1842 ZUR VERMÄH-
LUNG ERHIELT, UND DER VIELE
TAFELN NICHT NUR IN HOHEN-
SCHWANGAU ZIERTE

NACHSATZ:
KÜCHEN-ORDNUNG FÜR
DIE KÖNIGLICHE HOFKÜCHE

Abbildungsnachweise

Bayerisches Hauptstaatsarchiv: S. 75 · Bayerische Verwaltung der staatlichen Schlösser, Gärten und Seen: S. 15, 26/27, 28, 29, 36, 40/41, 57, 58, 79, 88, 90/91, 93 · Bilderdienst Süddt. Verlag: S. 2, 12, 19, 25, 30 · Geheimes Hausarchiv: Nachsatz, S. 24, 59, 140 · Claus Hansmann: S. 4, 10, 49 · Hannes Heindl: S. 6 · Wilhelm Kienberger: Vorsatz · Werner Neumeister: S. 8, 14, 46/47 · Privatbesitz: S. 13, 20, 21, 23, 37, 42, 44, 60, 67, 71, 74, 80, 81, 85, 87, 89, 94 · Ernst Roscher: S. 31, 52, 54, 56, 60, 62, 65, 66, 68, 70, 74, 76, 78, 80, 81, 84, 88, 92, 94, 95, 96 · Stadtarchiv München: S. 3, 32, 39 · Stadtmuseum München: S. 66 · Ullstein Bilderdienst: S. 97 · Wittelsbacher Ausgleichsfonds: Titelbild, S. 16/17, 24, 34/35, 43, 50, 52, 53, 54, 55, 61, 63, 64, 69, 72, 73, 76, 77, 83, 86.

Quellennachweise

Bayerisches Hauptstaatsarchiv München, Abt. I: Raritätenselekt; Abt. III Geheimes Hausarchiv: Hof- und Staatshandbuch des Königreichs Bayern 1863; Hohenschwangauer Schloßchronik; Kabinetts-Akt Ludwig II/2; Obersthofmarschall-Akten; Obersthofmeister-Akten; Schluxen-Gästebuch · Bayerische Staatsbibliothek München: Allgemeine Zeitung; Bayerischer Kurier · Stadtarchiv München: Ernst von Destouches' Münchner Stadtchronik · Stadtmuseum München: Sammlung Lang · Adalbert Prinz von Bayern: Als die Residenz noch Residenz war, München 1967; Nymphenburg und seine Bewohner, München 1950; Vier Revolutionen und einiges dazwischen, Eichstädt 1935.

Wir danken allen Archiven, Institutionen und Privatpersonen für ihre Mithilfe zum Gelingen dieses Buches.

© Tomus Verlag GmbH
Prinzenstraße 7, D-8000 München 19
ISBN 3-920954-36-X
Printed in Italy

Der Königl. Obersthofmarschall=Stab sieht sich veranlaßt, zur Förderung eines geregelten, ordnungsgemäßen Dienstes, sowie zur Hebung und Wahrung der Ehre der Königl. Hofküche nachstehende Bestimmungen zu erlassen, für deren strenge Durchführung der Königl. Proviantmeister als Officenchef sowie die Königl. Hofoffizianten, welche als Mundköche funktioniren, verantwortlich gemacht werden.

§ 1.

Der Chef der Königl. Küchenoffice ist der Königl. Proviantmeister und hat das gesammte Personal dieser Office den von demselben gegebenen Weisungen sofort nachzukommen.

§ 2.

Nachdem aber der Königl. Proviantmeister zunächst den dienstlichen Verrichtungen in der Proviantkammer und den schriftlichen Arbeiten auf dem Bureau vorzustehen hat und ihm bei der Mannigfaltigkeit dieser Beschäftigungen nicht zugemuthet werden kann, eine direkte und stets wachsame Aufsicht über den täglichen inneren Dienst in der Königl. Hofküche zu pflegen, so wird diese Aufsicht den Königl. Hofoffizianten, welche als Königl. Mundköche fungiren, übertragen, aber stets nur unter Wahrung der Stellung und des hieraus fließenden Oberaufsichtrechtes des Königl. Proviantmeisters.

§ 3.

Von den ebenbenannten Königl. Hofoffizianten sollen in der Regel täglich zwei im Dienste stehen. Der Eine im Hauptdienste — derjenige, welcher für die Königl. Tafel den ersten Theil des Diners, d. h. die Fleischspeisen zu kochen hat — der Andere im Beidienste — derjenige, welchem die Zubereitung des zweiten Theiles des Diners, d. h. die Mehl= und süßen Speisen übertragen ist.

Dem jeweiligen Königl. Hofoffizianten des Hauptdienstes wird die Beaufsichtigung und Leitung des gesammten Officendienstes innerhalb der Königl. Hofküche übergeben und zwar in der oben angedeuteten Weise, und hat derselbe auf pünktliche Einhaltung der im Nachstehenden gegebenen Vorschriften zu sehen, eventuell Uebertretungen zu rügen, dagegen einzuschreiten, nöthigenfalls solche, sowie etwaige Renitenzfälle beim Rapporte dem Königl. Hofmarschall dienstlich zu melden.

Der Königl. Hofoffiziant des Beidienstes, welcher während der dienstlichen Verrichtungen in der Office für seine Person dem Königl. Hofoffizianten des Hauptdienstes nicht untergeordnet ist, hat Letzteren nach Kräften zu unterstützen und ihm in allen Punkten der Beaufsichtigung und Leitung an die Hand zu gehen und auf diese Weise sein Möglichstes beizutragen zur Förderung des Königl. Dienstes und zur Wahrung der Seitens des Unterpersonals den Königl. Hofoffizianten gebührenden Achtung.

Der Königl. Hoffiziant des Hauptdienstes wird seinem Collegen vom Beidienste mit der gebührenden Rücksicht begegnen und ihm namentlich das zu den auszuführenden Arbeiten nöthige Küchenpersonal bereitwillig zur Verfügung stellen.

§ 4.

Allen Personen, welche in der Königl. Hofküche keine Beschäftigung haben, ist der Eintritt in dieselbe verboten, und ist dieses Verbot durch Anschlag an die Außenseite der zu dieser Office führenden Thüre hier sowohl, wie in den andern Königl. Schlößern, stets bekannt zu erhalten.

München, den 10. November 1864.

Sämmtliches in der Königl. vom Königl. Officenchef bekannt zu und können diese Dienstlokalitäten n dienste stehenden Königl. Hofoffizia offiziant des Nebendienstes kann bie der ihm übertragenen Arbeiten verla

Das Küchenpersonale muß reinlicher Küchenwäsche versehen sein

Das gesammte Küchenperson Verrichtungen, sowie strenger Ordnu

Die Achtung vor einer Kön welche nicht zu dem in der Königl im Dienste zu betreten haben, wi Königl. Silberkammer 2c. 2c., sich nehmen. — Dem jeweiligen König Beziehung ganz besonders zur P Königl. Hofküche betretenden Liv oder gar Uebergriff sogleich gemessen dem Königl. Stabschef hierüber A

Das Küchenpersonal hat zu behalten; alle Vergeudung, Ver zu dulden.

Wenn man in dieser Bezi Hofoffizianten, sowie zu den übri Dienstanforderungen auf's Stren unerschütterliche gewissenhafte Con unberührt lassen zu sollen, daß di Untergebenen in dieser Richtung zu Verdächtigungen oder übler N von ihnen geleisteten Diensteseid

Uebertretungs= und Unterl würden mit den strengsten Strafe an Se. Maj. den König resp. Be

Ausgenommen in den Fä verboten, Küchengeschirre oder zu nehmen. Der jeweilige im verantwortlich gemacht, daß die worüber vom Königl. Officenche

Königlicher V